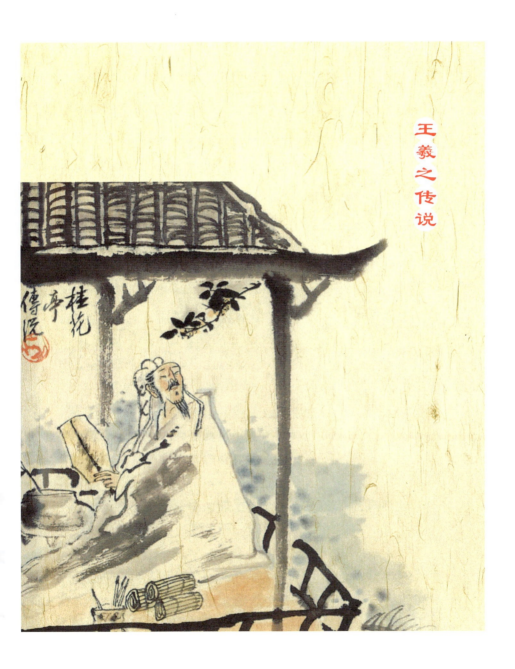

王羲之传说

王羲之传说

总主编 金兴盛

浙江省非物质文化遗产代表作丛书

浙江摄影出版社

李弘 孟文铺 编著

总　序

中共浙江省委书记
省人大常委会主任　夏宝龙

　　非物质文化遗产是人类历史文明的宝贵记忆，是民族精神文化的显著标识，也是人民群众非凡创造力的重要结晶。保护和传承好非物质文化遗产，对于建设中华民族共同的精神家园、继承和弘扬中华民族优秀传统文化、实现人类文明延续具有重要意义。

　　浙江作为华夏文明发祥地之一，人杰地灵，人文荟萃，创造了悠久璀璨的历史文化，既有珍贵的物质文化遗产，也有同样值得珍视的非物质文化遗产。她们博大精深，丰富多彩，形式多样，蔚为壮观，千百年来薪火相传，生生不息。这些非物质文化遗产是浙江源远流长的优秀历史文化的积淀，是浙江人民引以自豪的宝贵文化财富，彰显了浙江地域文化、精神内涵和道德传统，在中华优秀历史文明中熠熠生辉。

　　人民创造非物质文化遗产，非物质文化遗产属于人民。为传承我们的文化血脉，维护共有的精神家园，造福子孙后代，我们有责任进一步保护好、传承好、弘扬好非物质文化遗产。这不仅是一种文化自觉，是对人民文化创造者的尊重，更是我们必须担当和完成好的历史使命。对我省列入国家级非物质文化遗产保护名录的项目一项一册，编纂"浙江省非物质文化遗产代表作丛书"，就是履行保护传承使命的具体实践，功在当代，惠及后世，有利于群众了解过去，以史为鉴，对优秀传统文化更加自珍、自爱、自觉；有利于我们面向未来，砥砺勇气，以自强不息的精神，加快富民强省的步伐。

党的十七届六中全会指出，要建设优秀传统文化传承体系，维护民族文化基本元素，抓好非物质文化遗产保护传承，共同弘扬中华优秀传统文化，建设中华民族共有的精神家园。这为非物质文化遗产保护工作指明了方向。我们要按照"保护为主、抢救第一、合理利用、传承发展"的方针，继续推动浙江非物质文化遗产保护事业，与社会各方共同努力，传承好、弘扬好我省非物质文化遗产，为增强浙江文化软实力、推动浙江文化大发展大繁荣作出贡献！

（本序是夏宝龙同志任浙江省人民政府省长时所作）

前　言

浙江省文化厅厅长　金兴盛

要了解一方水土的过去和现在，了解一方水土的内涵和特色，就要去了解、体验和感受它的非物质文化遗产。阅读当地的非物质文化遗产，有如翻开这方水土的历史长卷，步入这方水土的文化长廊，领略这方水土厚重的文化积淀，感受这方水土独特的文化魅力。

在绵延成千上万年的历史长河中，浙江人民创造出了具有鲜明地方特色和深厚人文积淀的地域文化，造就了丰富多彩、形式多样、斑斓多姿的非物质文化遗产。

在国务院公布的四批国家级非物质文化遗产名录中，浙江省入选项目共计217项。这些国家级非物质文化遗产项目，凝聚着劳动人民的聪明才智，寄托着劳动人民的情感追求，体现了劳动人民在长期生产生活实践中的文化创造，堪称浙江传统文化的结晶，中华文化的瑰宝。

在新入选国家级非物质文化遗产名录的项目中，每一项都有着重要的历史、文化、科学价值，有着典型性、代表性：

德清防风传说、临安钱王传说、杭州苏东坡传说、绍兴王羲之传说等民间文学，演绎了中华民族对于人世间真善美的理想和追求，流传广远，动人心魄，具有永恒的价值和魅力。

泰顺畲族民歌、象山渔民号子、平阳东岳观道教音乐等传统音乐，永康鼓词、象山唱新闻、杭州市苏州弹词、平阳县温州鼓词等曲艺，乡情乡音，经久难衰，散发着浓郁的故土芬芳。

泰顺碇步龙、开化香火草龙、玉环坎门花龙、瑞安藤牌舞等传统舞蹈，五常十八般武艺、缙云迎罗汉、嘉兴南湖掼牛、桐乡高杆船技等传统体育与杂技，欢腾喧闹，风貌独特，焕发着民间文化的活力和光彩。

永康醒感戏、淳安三角戏、泰顺提线木偶戏等传统戏剧，见证了浙江传统戏剧源远流长，推陈出新，缤纷优美，摇曳多姿。

越窑青瓷烧制技艺、嘉兴五芳斋粽子制作技艺、杭州雕版印刷技艺、湖州南浔辑里湖丝手工制作技艺等传统技艺，嘉兴灶头画、宁波金银彩绣、宁波泥金彩漆等传统美术，传承有序，技艺精湛，尽显浙江"百工之乡"的聪明才智，是享誉海内外的文化名片。

杭州朱养心传统膏药制作技艺、富阳张氏骨伤疗法、台州章氏骨伤疗法等传统医药，悬壶济世，利泽生民。

缙云轩辕祭典、衢州南孔祭典、遂昌班春劝农、永康方岩庙会、蒋村龙舟胜会、江南网船会等民俗，彰显民族精神，延续华夏之魂。

我省入选国家级非物质文化遗产名录项目，获得"四连冠"。这不仅是我省的荣誉，更是对我省未来非遗保护工作的一种鞭策，意味着今后我省的非遗保护任务更加繁重艰巨。

重申报更要重保护。我省实施国遗项目"八个一"保护措施，探索落地保护方式，同时加大非遗薪传力度，扩大传播途径。编撰浙江非遗代表作丛书，是其中一项重要措施。省文化厅、省财政厅决定将我省列入国家级非物质文化遗产名录的项目，一项一册编纂成书，系列出版，持续不断地推出。

这套丛书定位为普及性读物，着重反映非物质文化遗产项目的历史渊源、表现形式、代表人物、典型作品、文化价值、艺术特征和民俗风情等，发掘非遗项目的文化内涵，彰显非遗的魅力与特色。这套丛书，力求以图文并茂、通俗易懂、深入浅出的方式，把"非遗故事"讲述得再精彩些、生动些、浅显些，让读者朋友阅读更愉悦些、理解更通透些、记忆更深刻些。这套丛书，反映了浙江现有国家级非遗项目的全貌，也为浙江文化宝库增添了独特的财富。

在中华五千年的文明史上，传统文化就像一位永不疲倦的精神纤夫，牵引着历史航船破浪前行。非物质文化遗产中的某些文化因子，在今天或许已经成了明日黄花，但必定有许多文化因子具有着超越时空的生命力，直到今天仍然是我们推进历史发展的精神动力。

省委夏宝龙书记为本丛书撰写"总序"，序文的字里行间浸透着对祖国历史的珍惜，强烈的历史感和拳拳之心。他指出："我们有责任进一步保护好、传承好、弘扬好非物质文化遗产。这不仅是一种文化自觉，是对人民文化创造者的尊重，更是我们必须担当和完成好的历史使命。"言之切切的强调语气跃然纸上，见出作者对这一论断的格外执着。

非遗是活态传承的文化，我们不仅要从浙江优秀的传统文化中汲取营养，更在于对传统文化富于创意的弘扬。

非遗是生活的文化，我们不仅要保护好非物质文化表现形式，更重要的是推进非物质文化遗产融入愈加斑斓的今天，融入高歌猛进的时代。

这套丛书的叙述和阐释只是读者达到彼岸的桥梁，而它们本身并不是彼岸。我们希望更多的读者通过读书，亲近非遗，了解非遗，体验非遗，感受非遗，共享非遗。

2015年12月20日

目录

绍兴钟灵毓秀，圣贤辈出，耕读传家，书香悠远，承载着沧桑，涌动着活力，素有"山清水秀之乡、历史文物之邦、文人荟萃之地"的美誉，是著名的水乡、桥乡、酒乡、戏曲之乡，更是名士之乡、书法之乡，毛泽东主席曾写诗称绍兴为"鉴湖越台名士乡"。翻开绍兴厚重的历史画卷，故址遗迹俯拾皆是，名人雅士灿若星河，其悠久的文明遗韵，厚重的文化底蕴，鲜明的地域特色，孕育了众多独具魅力、世代传诵的历史文化传说。"王羲之传说"便是其中脍炙人口、特色鲜明的一个历史文化传说故事群。

王羲之（303—361），字逸少，原籍琅琊（今山东临沂），是我国历史上尽人皆知的"书圣"，因其杰出的书法艺术成就而彪炳史册，在中华文化史乃至世界文化史上享有不可磨灭的重要地位。东晋永和七年，即公元351年，出为右将军、会稽内史，直至升平五年逝世，王羲之生活在会稽（今绍兴）共计十一年。绍兴保存至今的尚有兰亭、鹅池、墨池、戒珠寺、题扇桥、右军墓等诸多遗迹。当时会稽有佳山佳水，名人雅士多居之。王羲之"书圣"之名，得自会稽，世人但称"王右军"，也得自会稽。

有道是"名人身边多雅事"，王羲之作为饮誉千古的书圣，在会稽亲民爱民，又优游山水之间，留下了许多珍闻逸事，在绍兴民间被津津乐道，广泛流传，成为茶余饭后之佳话。

王羲之在任右将军、会稽内史期间，正是东晋连年北伐之时。王羲之体察民情，多次上书减轻会稽赋役，并断然开仓赈灾，深为会稽人民所拥戴。

永和九年的上巳节，王羲之邀集朝野群贤共四十二人，在会稽山阴的兰亭举行盛大的修禊活动，一觞一咏，畅叙幽情。然作序，写下了名震千古的《兰亭集序》（又称《兰亭序》）。

王羲之钟情山水，淡泊功名利禄。在兰亭雅集后的永和十一年，王羲之辞官归隐于会稽深山中的金庭，在金庭这片灵山秀水之间，"仰视碧天际，俯看绿水滨"。

王羲之的前半生，民间知之甚少。到了会稽之后，王羲之置身于百姓之中，与百姓有了密切的接触，民间才得以产生大量传说。自唐太宗推崇其书法之后，李白、杜甫等无数文人墨客，仰慕"王谢风流"，追寻王羲之的足迹，纷纷来到会稽，写下了大量诗篇，竟然踏出了一条"唐诗之路"，可见王羲之传说的影响源远流长。

"王羲之传说"以历史人物王羲之的逸闻趣事为基础，以东晋时期的历史和文化为背景，内容丰富，特色鲜明，在民间文学界和书法艺术界都具有十分重要的影响。六朝时期，王羲之传说就产生并流传于越地民间，至今绵延不绝，经民间广泛流传，多次收集整理，形成了一个庞大的人物传说故事群。主要分为学书作书类、清真风流类、钟情山水类、爱国爱民类、蔑视权贵类等，其中有许多传说还是一些成语、典故的出典，如《入木三分》《东床坦腹》等，现存篇目约二百余篇。

"王羲之传说"具有历史悠久、地域广泛、内容丰富、传播方式多样等主要特征，流传至今已有一千六七百年的历史，不但流传于绍兴市域全境，还辐射全国乃至海外华人居住的地方，在日、韩等国的书法艺术界影响巨大，除口头传讲等方式传播外，还有通过图书、戏剧、曲艺、影视等进行传播的，在网络中也传播广泛，具有浓郁的绍兴特色和乡土气息。同时，由于纵向传承和横向流布，在人们口耳相传中不断得到加工创作，传说不断丰富，是越地民间文学生存和发展的一个缩影，也是广大青少年开展传统文化和乡土文化教育的生动教材。

王羲之传说是研究我国东晋时期文化和书法艺术的宝贵资源，具有重要的人文价值、史学价值、教育价值、艺术价值、民俗学价值，不仅是民间文学的热门话题，也是诗歌、小说、影视、戏剧、曲艺等文艺样式创作、改编的热门题材。随着现代社会生活节奏的加快和娱乐方式的转变，王羲之传说的流播受到较大冲击，亟须加以保护、挖掘、收集、整理和记录，使之更好地传承。

2011年5月，王羲之传说被列入第三批国家级非物质文化遗产名录。传承王羲之传说、弘扬传统文化是我们绍兴文化工作者和传承人共同的历史责任。

绍兴市文化广电新闻出版局局长

徐之澜

一、王羲之传说概述

王羲之（303—361）是我国历史上尽人皆知的『书圣』。他出身望族，曾任秘书郎、会稽王友、临川郡守、征西长史、江州刺史、护军将军、右军将军、会稽内史。绍兴保存至今的王羲之遗迹有兰亭、鹅池、墨池、戒珠寺、题扇桥、王右军墓等，民间还流传着丰富多彩的王羲之传说。

一、王羲之传说概述

王羲之（303—361）是我国历史上尽人皆知的"书圣"。他出身望族，曾任秘书郎、会稽王友、临川郡守、征西长史、江州刺史、护军将军。永和七年，出为右军将军、会稽内史。王羲之生于琅琊（今山东临沂），长于建康（今江苏南京），守会稽（今浙江绍兴），辞官后长期居住会稽，死后葬于会稽剡县金庭。绍兴保存至今的王羲之遗迹有兰亭、鹅池、墨池、戒珠寺、题扇桥、王右军墓等，民间还流传着丰富多彩的王羲之传说。

[壹]王羲之生平

王羲之，字逸少，祖籍琅琊（今山东临沂）。生于西晋太安二年（303），卒于东晋升平五年（361），享年五十九岁，官至右军将军、会稽内史，世称"王右军"。王羲之是伟大的书法家，被后人称为"书圣"，这不仅因为他变古创新地写出了"天下行书第一"的《兰亭集序》，而且因为他建立起了王字帖学传统的经典谱系，在中国书法史上影响甚为深远。说起王羲之，几乎是家喻户晓，尽人皆知，许多人说不定还能说出几个有关他的传说，形成了中国一个独特的民间文化现象。

1. 出身名门　琅琊望族

王羲之出身名门望族，其家史可以追溯到周代。据《新唐书·宰相世系表》记载，琅琊王姓原本出自姬姓，"周灵王太子晋以直谏废为庶人，其子宗敬为司徒，时人号曰'王'家，因以为氏"。从宗敬下传到十五世为王翦，王翦与其子王贲、孙王离，三代为秦国大将。秦二世时，关东豪杰起兵反

王羲之像

秦，王离与章邯领兵镇压，在巨鹿被项羽打败，章邯投降，王离被俘。当时秦法严苛，王离二子只好逃亡避祸。长子王元迁于琅琊郡，他的后裔被称为琅琊王氏。次子王威迁于太原，后裔为太原王氏。这两个王氏家族，从两晋直到唐代，是王姓中最为显赫的家族。

从太子晋算起，到王羲之曾祖父王览已有二十六世。王览和王祥是同父异母弟兄，他们有这样一个故事，也许人们并不陌生。一年冬天寒风凛冽，大地冰封，一位青年正脱去上身的衣服，俯卧在河面的冰上，不多时他胸下的冰融化成一个窟窿，忽然一条鲤鱼从中跳了出来，那青年用双手捉住，兴冲冲地向家奔去。因为这个青年的继母，身患疾病，想吃鲜鱼。这便是家喻户晓的"二十四孝"里

的"卧冰求鲤"的故事。那位青年就是有名的孝子王祥。王祥常受继母的打骂虐待，但他从不记恨在心，他与同父异母的弟弟王览感情甚好，弟弟在母亲毒打哥哥时经常以自己的身体作掩护。这些动人的故事在民间传为美谈。王祥初受聘出任徐州别驾，管辖沂海地带。王祥一帆风顺，官运亨通，为大司农，晋武帝时拜太保，晋爵为公。曹魏一朝，由温令、大司农、太常升到三司之一的司空，又转太尉，加侍中。封爵从关内侯、万岁亭侯到睢陵侯。魏晋易代之际，王祥明哲保身，由曹魏重臣转而成为晋朝的开国元勋，擢升太保，封睢陵公。王览声名不及王祥。王祥任徐州别驾后，他应本郡之召为吏，但升迁不快，曾任司徒西曹掾、清河太守、太中大夫、光禄大夫。

在王羲之出生前后，王氏家族中有三个人决定了全族的命运，即王羲之父亲王旷、从伯王导和王敦。

王旷是王羲之父亲，和王导、王敦相比，他的经历没那样显赫。他曾担任西晋惠帝的侍中，后又出为丹阳太守。惠帝司马衷是白痴，其妻贾南风淫虐，大臣贾模、裴頠、张华商议废后，立谢淑妃。贾后用计废谢淑妃所生太子，又派人杀了他。赵王司马伦以此为借口废贾后，专擅朝政，引起诸多同姓王的不满，此后引发了有名的"八王之乱"。

永康二年（301）正月，司马伦废惠帝自立为帝，尊司马衷为太上皇。四月，司马伦兵败，被齐王司马冏、成都王司马颖等所杀。司马衷被迎回宫中再做皇帝。同年十二月，朝政大权在握的齐王司马冏的三个儿子封王：冰为安乐王，英为济阳王，超为淮南王。按往例，王国由内史全权治理，王旷被任命为济阳内史。

司马冏掌政后，骄奢专权，任用亲信，大修府第，引起朝野的不满。远驻长安的河间王司马颙，以自己和司马颖的名义上表声讨司马冏，并且要求在洛阳任骠骑大将军的长沙王司马乂就地捉拿司马冏。司马乂借此发兵攻占皇宫，拥皇帝攻打司马冏。交战三天，司马冏战败被杀。三个儿子司马英、司马冰、司马超被革去王位，幽禁于金墉。王旷济阳内史一职自然被罢免。永兴二年（305）王旷已经在扬州丹阳太守任上了。据《晋书·惠帝纪》，永兴二年八月，"扬州刺史曹武杀丹阳太守朱建"。又十二月，"右将军陈敏举兵反，自号楚公，矫称被中诏，从沔汉奉迎天子；逐扬州刺史刘机、丹阳太守王旷"。可知王旷大约在这一年的八月或稍后就任丹阳太守，四个月后被陈敏逐走。

在朝廷纷争中，司马颙把皇帝劫持到长安。在关东的东海王司马越起兵反对司马颙，琅琊王司马睿被司马越任命为平东将军，监徐州诸军事，留守下邳。曾任司马越参军的王导，投奔司马睿，任平东司马。司马越打败司马颙，派人把皇帝从长安迎回洛阳，后又将其毒死，立皇太弟司马炽为帝。永嘉元年（307），以太傅司马越辅政。"八王之乱"到此进入尾声，它的后遗症是北方出现了几处称兵割据的动乱中心，留下西晋王朝灭亡的隐患。

永兴元年（304），匈奴族首领刘渊自称汉王，年号"元熙"，与西晋的并州刺史刘琨屡次争夺各郡县。永嘉元年（307），东莱人王弥起兵反晋，活跃于青、徐二州，在一片混乱中，西晋统治岌岌可危。当时琅琊王司马睿被任命为安东将军，都督扬州江南诸军事，假节、镇建邺。王旷与司马睿是姨表兄弟，他为司马睿首创南迁江左的建议。《晋书·王羲之传》载："元帝之过江也，旷首创其议。"晋人裴启《语林》对此事有极具体的记载："大将军、丞相诸人在此时闭户共为谋身之计。王旷世宏来，在户外，诸人不容之。旷乃剔壁窥之曰：'天下大乱，诸君欲何所图谋？将欲告官。'遽而纳之，遂建江左之策。"这里，大将军指王敦，他晚年任大将军，文献习惯称他为大将军，同时，称王导为丞相。于是，司马睿决策南迁，从睿渡江者达百族之众。后司马睿登基建立东晋王朝，使晋朝已断的国祚又延续了一百余年。在司马睿决策南迁的过程中，首创南迁江左的王旷起了重要的作用。

大约在永嘉二年（308）初，王旷任淮南内史。惠帝元康元年（291）以后，扬州十一郡，九郡在江南，只有淮南、庐江两郡在江北。司马睿督扬州江南诸军事，还想掌握江北的要冲以屏障江南，便表自己的亲信王旷掌握淮南郡的军事。永嘉三年（309），汉刘渊部下王弥和刘聪攻壶关。壶关是并州尚掌握在晋手中的有限地区之一，依汉、晋兵力对比而言，势难守住。但是掌握朝政的司马越却派王旷率兵去救壶关。四月，王旷领兵三万渡河，准备长驱直入。结果，大军在壶关南面的长平遭遇刘聪伏兵包围。这是战国时秦将白起包围赵括四十万兵马的地方，王旷仓促迎敌，结果全军覆灭。王旷也从此下落不明。

此后，王导、王敦一文一武，帮助司马睿先在扬州，后陆续在荆州及江州站稳脚跟。永嘉五年（311），匈奴族刘曜攻陷洛阳，俘晋怀帝司马炽。六年，司马邺被立为太子，建行台于长安。又次年（313）四月，司马邺被拥立为皇帝，改元"建兴"。因为兵少力弱，无力控制长江以南，便以司马睿为左丞相、大都督，督陕东诸军事。建兴三年（315），又加司马睿为丞相、大都督，督中外诸军事。这年九月，刘曜攻长安，司马邺投降。西阳王司马羕、王导等劝司马睿即皇帝位，司马睿因司马邺尚在，不便称帝，只称晋王，然而却大赦，改元，封拜百官，俨然是一朝皇帝登基。王导被任命为骠骑将军，都督中外诸军事，领中书监，录尚书事。王敦为大将军、江州牧。

建武元年（317）十二月，刘聪杀司马邺。次年（318）三月，司马睿即皇帝位，大赦，改元"大兴"。王导、王敦拥立司马睿即位有功，受到司马睿的极度宠信，甚至在他登御床时，也要王导同坐。此时，王氏家族盛极一时，成为江左第一大族，有"王与马，共天下"之称。

2. 流亡江左　少有美誉

王羲之诞生于晋惠帝太安二年（303），当时正值"八王之乱"，西晋王朝岌岌可危。童年时居住在琅琊国的治所开阳县城内（今山东临沂）。琅琊王司马睿的王府也坐落在开阳城内。王羲之在开阳只生活了五年。

永嘉元年（307），王羲之父亲王旷建议琅琊王司马睿南迁，包括琅琊王氏在内的名门大族纷纷举族随司马睿渡江。琅琊王氏初到建邺，聚族居于乌衣营，后人称此地为乌衣巷。《景定建康志》十六引《旧志》云："乌衣巷在秦淮南，晋南渡，王谢诸名族居此……今城南长干寺北有小巷曰乌衣，去朱雀桥不远。"这里本是三国孙吴时代的营房故址。王羲之南迁跋涉之景及生活在乌衣巷的少年时代，无资料可考。

永嘉三年（309），王旷领兵救壶关，结果全军覆灭，自己也下落不明。这一事件应给王羲之的家庭留下深深的阴影。这一年王羲之七岁。在建邺的日子，据《全晋文》卷三十六载："母兄鞠育，得渐庶几。"可见，他的少年时期没有受到父亲的关爱，他与母亲、兄长王籍之相依为命，惨淡度日。

但是，生活的艰难锻炼了王羲之，这使他虽然出身名门望族，却没有纨绔子弟的习气。

少年的王羲之沉默寡言，在别人看来平淡无奇。《晋书·王羲之传》记载："幼讷于言，人未之奇。"其实，王羲之的沉默寡言，是他为人处事谨慎小心的一种表现。如《世说新语·轻诋》记载："王右军少时甚涩讷，在大将军（王敦）许，王（导）、庾（亮）二公后来，右军便起欲去。大将军留之曰王羲之：'尔家司空（王导官拜司空）、元规（庾亮字），复何所难？'"王羲之在大将军家里玩，一听说王导、庾亮来拜访王敦，便要避开。王敦便说，王导是你家的伯父，庾亮也没什么了不起的，你为什么要躲避他们？其实，王羲之知道，王导、庾亮都是朝中重臣，他们来拜访王敦，所谈的都是军国大事，躲避他们不是羞涩，而是为了躲避政治的是非。

少年的王羲之临危不惧，机智有谋。如《世说新语·假谲》记载："王右军年减十岁时，大将军甚爱之，恒置帐中眠。大将军尝先出，右军犹未起。须臾，钱凤入，屏人论事，都忘右军在帐中，便言逆节之谋。右军觉，既闻所论，知无活理，乃阳吐污头面被褥，诈孰眠。敦论事造半，方忆右军未起，相与大惊曰：'不得不除之！'及开帐，乃见吐唾纵横，信其实孰眠，于是得全。于时称其有智。"王羲之年纪不到十岁时，伯父王敦非常喜欢他，经常带王羲之到帐中并在那里留宿。有一天，王敦先起床，王羲之还没起来。过了一会，钱凤进来，王敦关上门，两人密谋换立皇帝的计划。两人密谋之际，王敦突然想起王羲之还在帐中，大惊道："只能除掉这小鬼了！"王羲之对王、钱谋反之议听得一清二楚，他清楚如果被发现自己知道他们密谋的内容，那必定小命难保。当王敦来察看时，王羲之假装熟睡，口水流得一塌糊涂，王敦确信他还在熟睡，因此得以保全性命。

王羲之自幼学习书法艺术，他聪颖勤奋，又善于思考。书法艺术系琅琊王氏的家传艺术，名家高手代有所出。王羲之父亲王旷亦善书，他自幼在父亲指导下学书。父亲失踪后，王羲之叔父王廙代兄照顾羲之一家，并对王羲之书艺的发展产生了重要影响。《晋书·王廙传》载："廙少能属文，多所通涉，工书画，善音乐、射御、博弈、杂伎。"王僧虔《论书》说："王平南廙是右军叔。自过江东，右军之前，惟廙为最，画为晋明帝师，书为右军法。"王羲之聪颖勤奋，不上三四年，字已颇为可观。其从伯王导见后甚为赞许，并将自己随身携带过江的钟繇《宣示帖》送给王羲之。王羲之视若珍宝，他苦苦习临，书艺大长。河东卫氏，亦是书法世家。从晋武帝时，卫瓘的书法便与索靖并称"一台二妙"。其子卫恒，著有《四体书势》，亦工书法。恒的堂妹卫铄，字茂猗，书法造诣在卫恒之上。她嫁与江州刺史李矩，夫早死，人称卫夫人。儿子李充、充的堂兄李式也都以书法闻名于当时。李充被王导辟为掾吏，后来转为记室参军。卫夫人随儿子在建康。王羲之曾跟其学书。在名师指点下，王羲之书艺进步神速。

王羲之十三岁时，受到名士周𫖮的称赞而出名。周𫖮官拜礼部尚书，德高望重，在朝廷有一言九鼎的作用，赢得很多人的敬仰。《晋书·王羲之传》记载："年十三，尝谒周𫖮，𫖮察而异之。时重牛心炙，坐客未啖，颐先割啖羲之，于是始知名。"建兴三年（315），王羲之之兄王籍之被征为世子文学，不久娶汝南名族周嵩的女儿为妻。这位长嫂非常贤惠，待王羲之很好，王羲之很尊敬她，以至当寡嫂去世时，王羲之痛切地回忆道："亡嫂居长，情所钟奉，始获奉集，冀遂至诚，展其情愿，何图至此？"周颐是王羲之嫂子的伯父。这一年周颐宴客，王羲之随叔父赴宴。他是小辈，自然敬陪末座。周颐乃望族名士，时任司马睿的右长史，是军府的主要官员。他所宴请的客人，都是当时的达官和名士。筵席上，上了一味名菜"牛心炙"。吃这一味菜，主人按例需先敬席上最重要的宾客。当周颐将菜先送到末席王羲之案上时，满堂贵宾见受此殊荣的竟然是一个少年，问知是久被遗忘的王旷的儿子时，均惊奇不已。一向安居家中、很少在名士群中应酬的王羲之，从此闻名。

青少年时期的王羲之，因为才华出众，渐渐在琅琊王氏的子弟中崭露头角。王导很称赞王羲之，《世说新语·品藻》记载："王右军少时，丞相云：'逸少何缘复减万安（刘绥）邪？'"刘绥当时也是一个非常聪明的少年，王导认为王羲之比刘绥更有才华。王敦也很赏识王羲之，《世说新语·赏誉》记载，他曾经对王羲之说："汝是吾家佳子弟，当不减阮主簿。"阮主簿是王敦的幕僚阮裕，也是当时的名士。阮裕字思旷，是一位博学多才、仗义豪爽、"兼有诸人之美"而很有作为的青年，在王敦的眼中，阮裕是一代典范。阮裕也很赞赏王羲之,《世说新语·赏誉》记载:"阮光禄云:'王家有三年少:右军、安期、长豫。'"王应字安期,他是王含的儿子,后过继给王敦。王悦字长豫,他是王导的儿子。王羲之和他们是琅琊王氏的子弟中最杰出的三位。

3. 美满婚姻　初登仕途

王羲之的妻子郗璇,字子房。书法卓然独秀,被称为"女中笔仙"。她熟读经书,是当时有名的才女。她与王羲之结为夫妻,有一段传颂至今的佳话。《晋书·王羲之传》记载:"时太尉郗鉴使门生求女婿于导,导令就东厢遍观子弟,门生归,谓鉴曰:'王氏诸少并佳,然闻信至,咸自矜持。惟一人在东床坦腹食,独若不闻。'鉴曰:'正此佳婿耳。'访之,乃羲之也,遂以女妻之。"

郗鉴,字道徽。惠帝时曾任中书侍郎,东晋初为兖州刺史,明帝时迁车骑将军,都督徐、兖、青三州军事。明帝死,郗鉴与王导、庾亮并受遗诏辅佐成帝。平定苏峻、祖约之乱后升任太尉。王、郗两大家族之间存在权力之争,明帝太宁元年(323)八月,王敦觉得郗鉴在合肥对自己有威胁,表郗鉴为尚书,明帝下诏令郗鉴还朝。郗鉴走到姑孰,被王敦扣留,后终于回到建康。郗鉴刚到建康,便和明帝密谋讨伐王敦。但是,在外戚庾亮专政的形势下,王、郗两大家族之间的相互支援显得尤为重要,婚和宦是重要途径。宦,指仕途的提携,如明成帝时王导为司徒,辟郗鉴子郗昙。婚,指互为婚

王羲之和夫人郗璇像

姻以相固结，郗鉴在王氏子弟中选女婿，将女儿郗璇嫁与王羲之，就是政治联姻。这一年王羲之二十一岁。

　　王羲之与郗璇虽是政治联姻，但他们的婚姻也充满了浪漫的色彩。郗鉴官至太尉，年逾半百，但家中还有一个掌上明珠、年已及笄的女儿尚未出嫁，他想物色一个才貌双全的女婿，以解决女儿的婚事。士族联姻总是带有政治色彩，先是求族，然后才是择人。也就是说，郗鉴首先选定琅琊王氏这一家族，然后在这个家族范围之内再加以选择。当时王氏家族可谓是门第显赫，人才济济。王导丞相子、侄有十余人，他考虑从中遴选一位，作为乘龙快婿，故"使门生求女婿于导"。门生到王导家，王导请他去东厢挑选。消息不胫而走，都知道郗家派人前来选婿，听说那位千金小姐相貌端庄，性情温柔，谁都想与这位京城少有的窈窕淑女匹配成婚。他们一个个衣冠楚楚，谦恭有礼，温文尔雅地在大厅等候。唯独王羲之若无其事，袒露着肚皮，躺在床上大嚼胡饼，对选婿毫不在意，这给门生极其深刻的印象。门生回来后向郗鉴汇报："王氏家的诸位少年都很优秀，但是听到消息后，都很矜持。只有一人袒腹于东床，对选婿一事不闻不问。"郗鉴慧眼识人才，说："这正是佳婿啊！"一打听，原来是王羲之，于是把女儿嫁给了他。从此，"坦腹东床"成了女婿的美称，"妙选东床"亦传为美谈。郗鉴之所以选中王羲之为婿，王羲之不矫揉造作，纯真直率，风神潇洒，体现出一种超凡脱俗的品格，这自然是一个原因。但不光如此，更主要的是王羲之那时已有很好的名声在外，他满腹经纶，学识渊博，特别是他的书法已崭露头角。郗鉴在书法方面造诣颇深，女儿及两个儿子（郗愔、郗昙）在书法上很有成就，他平时很重名节，王羲之在许多方面符合他要求的标准，成为理想的女婿人选，是不足为怪的。

婚后，郗璇作为一个贤妻良母，擅长书法，是王羲之的知己，对王羲之成为中国历史上伟大的书法家起了极其重要的作用。她一生生了八个子女：玄之、凝之、官奴（女儿）、涣之、肃之、徽之、操之、献之。不幸的是玄之、官奴先后夭折，丈夫王羲之寿命也不长，她自己却享有九十多岁的高龄。

东晋建武元年（317），司马睿即晋王位，改元"建武"。次年（318）登帝位，改元"大兴"。建康城中两番大封功臣，琅琊王氏一族，除了同姓王以外最受尊荣的，则是开国倚靠的一文一武——王导和王敦。王导由扬州刺史改为骠骑大将军，加开府仪同三司。王敦为大将军，加领江州牧。王廙已是荆州刺史，王彬入为侍中，是皇帝贴身近臣。王籍之先为世子文学，后迁安城太守。是年，王羲之十六岁，有些高门子弟在这个年龄，已经可以起为秘书郎等官职了，他却没有这个机会。

王羲之儿子像

魏晋时代，朝廷推行"九品官人法"，郡、县设中正官，州设大中正，负责搜选、荐举管辖区内的人才，分别评为从上上、上中到下中、下下九个品级，上报吏部，吏部据以选用、递升各级官吏。起初，评定品级，是"以论人才优劣，非为世族高卑"。但由于世家大族势力的影响，实行不久就发生了变化，大小中正皆取著姓士族充任。到了晋代，官僚队伍出现"上品无寒门，下品无士族"的局面。琅琊王氏迁居江南，居侨姓大族首位。王羲之身为名门子弟，成年后当选择清贵"起家"之官，及时出仕。王敦叛乱失败，王导的地位受到影响，虽然仍为司徒，与郗鉴、庾亮等人受遗诏辅佐幼主晋成帝，但是威信大减，手中的权力也逐渐旁落。他的失势影响了朝中王氏，但却没有影响到王羲之。王羲之岳父郗鉴已升任兖州刺史，都督徐、兖、青三州诸军事，镇守广陵，握有江北的兵权。叔父王彬内调为光禄勋。太宁三年（325），在王彬、郗鉴荐举下，王羲之起家秘书郎。时年王羲之二十三岁。

东晋置秘书监，专门管理国家藏书，其属官有丞、郎。秘书郎属秘书监，掌管公府图书典籍，校阅脱误，兼管宫禁中藏书，是最为清贵、容易升迁的官职，高门子弟多以它为初任官。司马睿在江南立国时，西晋图书典籍在刘曜攻下洛阳后全部散失，在建康收集的为数不多。因此秘书郎虽官品不高，却十分闲散。王羲之过了一段平静、安适而又精神充实的生活。他与兄王籍之分担了奉养母亲的责任，以更多的时间继续勤习书法。秘书省内收集有先朝及本朝书法名家钟繇、胡昭、张芝、索靖、韦诞、皇象等人手迹，王羲之得以玩赏和临摹这些珍品。同时，他还与本族及其他子弟互相切磋书艺。

成帝咸和二年（327），庾亮排斥异己，杀南顿王司马宗，司马宗的同党卞阐逃至在平定王敦叛乱时立有大功的苏峻处。庾亮向苏峻要人未果，假借太后之命征苏峻为大司农，加散骑常侍、位特进，让其把兵马交与其弟苏逸后立即去建康。苏峻要求调往北方青州界一个荒郡，庾亮不许。苏峻出身北方坞主，以军功为历阳内史，对门阀大族本来心怀不满，便以讨庾亮为借口，举兵南渡长江，攻占建康，纵兵大掠，建康一片混乱。因王导受到苏峻尊重，居住在乌衣巷的王氏族人未受乱兵的抢掠，王羲之得以安然度过此劫。

成帝咸和二年（327）十二月，朝廷下诏，徙封琅琊王司马昱为会稽王。按当时制度，郡王国中设内史主持郡内政务，身边设师、友、文学各一人。咸和三年（328）九月，苏峻之乱平定后，王羲之因郗鉴、王彬之故由秘书郎迁会稽王友。时王羲之二十六岁。王友与秘书郎同为六品官，主要在王府里陪着游宴和会见宾客，伴幼王读书，比较清闲。

4. 政治旋涡　宦海沉浮

王羲之自咸和四年（329）出任江州临川郡太守，以后，历任征西将军参军、长史，宁远将军兼江州刺史，护军将军，右军将军兼会稽内史等职。王羲之的政治生涯始终处于政治斗争的旋涡中，突出的有咸康年间（335—342）王、庾两派和永和年间（345—353）殷、桓两派的斗争，历经宦海沉浮。

咸和四年（329），王羲之出任江州临川郡太守。王羲之携母亲与妻子一同上任。这是王羲之第一次担任有实权的地方官员。时王羲之二十七岁。

临川郡（今江西抚州）辖临汝、南城、西丰、宜黄、安浦、南丰、永城、定川八县，治临汝。临川郡与始兴郡（今广东韶关）相接壤，地僻民稀，远离频有战乱的长江两岸，生活相对比较平静。魏晋时期，清谈之风大盛，郡守县令以清谈、饮酒遨游为时尚，政务大都由掾属和小吏办理，积弊很深。王羲之的上司，是江州刺史刘胤，纵酒耽乐，不恤政事，频繁调用各郡人力、物力，征发各郡物资为资本经商暴富，王羲之亦深受其扰。

对临川郡，王羲之认为："此郡之弊，不谓顿至于此，诸通滞非复一条。独坐不知何以为治，自非常才所济。吾无故舍逸而能劳，叹恨无所复及耳。"（《全晋文》卷二十六）他初任地方官，关心民瘼，务实勤谨，着力清除积弊。

王羲之在临川郡太守任中，非常关注流民问题，他在《防民帖》中说："行当是防民流逸，不以为利耶? 此于郡为由上守郡更寻详，若不由上命而断中求绝者，此为以利，卿绝之是也。纵民所之，恐有如向者流散之患，可无善详。具闻。"帖中所说的，即是如何防止辖区内百姓因忍受不了朝廷的压迫而流亡的事。

王羲之任临川郡太守时，据说他的书法还不成熟，南朝宋虞龢著的《论书表》中就记载："羲之所书紫纸，多是少年临川时迹，既不足观，亦无所取。"但是，他在临川时勤苦学习书法艺术，还留下了著名的墨池遗迹。南朝宋荀伯子曾任临川郡太守，他撰写的《临川记》云："王羲之尝为临川内史，置宅于郡城东高坡，名曰新城。旁临回溪，特居层阜，其地爽垲，山川如画，今旧井及洗墨池犹存。"据荀伯子的记载，王羲之在临川时用过的旧井和洗墨池在刘宋时期还存在。北宋文学家、唐宋八大家之一的曾巩写过一篇著名的《墨池记》："临川之城东，有地隐然而高，以临于溪，曰新城。新城之上，有池洼然而方以长，曰王羲之墨池者，荀伯子《临川记》云也。羲之尝慕张芝，临池学书，池水尽黑，此为其故迹，岂信然邪？方羲之之不可强以仕，而尝极东方，出沧海，以娱其意于山水之间，岂有徜徉肆恣，而又尝自休于此邪？羲之之书晚乃善，则其所能，盖亦以精力自致者，非天成也。"曾巩极力赞扬了王羲之练习书法的勤苦，认为王羲之的书法不是天生的，而是后天努力的结果，墨池就是最好的证明。有关王羲之"洗墨池"的传说和遗迹有很多，不仅临川有，山东临沂有，浙江绍兴也有。有的地方称为"墨池"，有的地方称为"洗砚池"，名字的来历，都认为是王羲之勤习书法，洗刷笔砚时把池水染黑了，所以"墨池"就成了王羲之勤奋习书的象征。

王羲之在临川太守任上着力清理积弊，为民请命，又勤学苦练书法艺术，享誉一方。这从《世说新语·品藻》记载中可以看出："王修龄（王廙之子）问王长史（王濛）：'我家临川（王羲之），何如卿家宛陵（王述）？'长史未答。修龄曰：'临川誉贵。'"这里把琅琊王氏的王羲之和太原王氏的王述进行了比较，王述曾任宛陵县令，但他不如王羲之有佳誉。可见，王羲之担任临川太守时，获得了很好的声誉。

在王羲之任临川太守时，约咸和六年（331），其母在临川逝世。他把母亲暂时安葬在临川，准备日后迁葬吴兴。其《吴兴帖》（之三）记载："坟墓在临川，行欲改就吴中，终是所归。"按古制，王羲之丁母艰三年（丁艰：居丧。古人父母死亡，需要辞官居家守孝三年）。

琅琊王氏家族在王敦、苏峻之乱两场统治集团的权力之争以后势力渐衰。此时庾亮势力达到顶峰。王导不甘就此衰落，和庾亮进行了激烈的势力争夺。但同辈仅剩王彬，子侄中，长子王悦病死，次子王恬好武，王导平素即不甚喜欢。侄子王羲之、王允之、王胡之则皆有才干，堪当重任。因此王导劝他们力求上进，重振家声。但王羲之拒绝了从伯王导的荐举。

成帝咸和九年（334），王羲之守丧期满。时庾亮拜征西将军，都督江、荆、豫、益、梁、雍六州诸军事，领江、荆、豫三州刺史，握有全国一半以上兵力，驻屯武昌。王羲之经慎重考虑后入庾亮幕府，为征西军府参军（参谋军事）。时王羲之三十二岁。庾翼、殷浩、王胡之等皆在征西军府供职。以后，王羲之在俊才如林的幕府内又迁为长史（首席幕僚）。

王羲之入幕不久，咸康二年（336）二月，叔父王彬在建康逝世。王羲之请假料理丧葬事务。其间，率妻子赴广陵看望郗鉴。郗鉴与其谈及庾亮与王导不和一事，从稳定大局出发，希望王羲之设法从中加以疏导，减少二人的敌意。临回武昌前，王导劝王羲之回建康任职，拟上表荐他为侍中，王羲之再次谢绝，只身返回武昌幕府。

东晋立国江南，北伐中原、收复故土当为首务。时值北方后赵君主石勒去世，庾亮认为时机成熟，"有开复中原之谋"（《晋书·庾亮传》），并作了大范围的调兵遣将。但朝廷内意见不一。后赵石虎派兵攻破庾亮布防线上的邾城、江夏，又攻石城，致使北伐计划受挫。庾亮忧愤成疾，于成帝咸康六年（340）去世。此前数月王导、郗鉴也已相继辞世。庾亮死前，上疏推荐王羲之"清贵有鉴裁"，应予以重用。庾亮死后，王羲之堂弟王允之升任江州刺史。

江州是咸康年间琅琊王氏和颍川庾氏权力争夺的焦点。庾亮死后，王允之乘机夺取了江州刺史之位；咸康八年（342）二月，庾亮之弟庾怿为了夺回江州刺史一职，企图毒死王允之，事败后自杀；王允之慑于庾氏权势，不得不自己要求解除江州刺史一职，不久王允之郁郁而死。庾、王两族为争夺江州，让庾怿和王允之先后毙命。而王羲之在王允之去职后接任了江州刺史，并加宁远将军武职。时王羲之四十岁。

王羲之出任江州刺史，是他一生中所遇到的最凶险的政治局势。王羲之所以能出任江州刺史，主要是因为他是庾、王斗争中的边缘人物。王羲之虽然是琅邪王氏的一员，但他长期在庾亮的征西军府供职，并受到庾亮的赞赏，庾亮死前，曾上疏推荐王羲之，要求给予重用。但是，江州刺史是庾、王两族争夺最激烈的位置，当时大权在握的庾氏决不会善罢甘休。此时，他的从伯王导、岳父郗鉴都已去世，朝中失去依靠，所以这是一个险象环生的任命。王羲之分析了当时的政治形势，只好选择逃避。

同年六月，成帝司马衍卒，其同母弟琅邪王司马岳即位，此即康帝。他对新登基的康帝说自己"抱疾遐外""屏营一隅"，称病以图逃脱政治的倾轧。同年十二月，皇后的父亲褚裒请求外任，大权在握的庾冰就让褚裒出为江州刺史，王羲之解江州刺史任，回到建康家中，度过了五年多的闲居生活。此后，琅邪王氏失去了江州，江州经过褚裒的过渡，最终又落到了庾冰手上。次年十月，庾冰出为都督荆江宁益梁交广七州、豫州之四郡军事，领江州刺史，假节，镇武昌。于是，争夺多年，辗转易手的江州重镇，终于被庾氏以强硬手段取得。

穆帝永和二年（346），郗鉴的部属蔡谟领司徒，与会稽王司马昱共同辅政。与王羲之同在庾亮幕府中的殷浩被起用为建武将军、扬州刺史。他们都希望王羲之出山。殷浩"素雅重之"，拟任命其为护军将军，王羲之仍辞谢。殷浩致书劝驾，王羲之复信，以明心志："吾素自无廊庙志，直王丞相时果欲内吾，誓不许之，手迹犹存，由来尚矣，不于足下参政而方进退。自儿娶女嫁，便怀尚子平之志，数与亲知言之，非一日也。若蒙驱使，关陇、巴蜀皆所不辞。吾虽无专对之能，直谨守时命，宣国家威德，故当不同于凡使，必令远近咸知朝廷留心于无外，此所益殊不同居护军也。"（《晋书·王羲之传》）提出了若为官则不愿在朝中任职，而宁可奉使关陇和巴蜀的想法。不久，殷浩丁父艰。此数年中，"朝廷公卿皆爱其才器，频召为侍中、吏部尚书，皆不就"（《晋书·王羲之传》）。

在东晋的政治舞台上，继颍川庾氏之后，左右朝政的是龙亢桓氏，代表人物是桓温。桓温是东晋中期的名将，他出任安西将军、都督荆司雍益梁宁六州诸军事，领护南蛮校尉、荆州刺史。后桓温以平蜀之功，进位征西大将军。他盘踞荆州，成为势力最强的地方割据势力。东晋朝廷为了扼制桓温势力的膨胀，起用名士殷浩为扬州刺史并参综朝政。这样就形成了新一轮的地方与朝廷、荆州与扬州的冲突。永和四年（348），王羲之应殷浩的征召，出为护军将军，时王羲之四十六岁。这样王羲之又一次卷入到了新的政治旋涡中。

护军将军为专职武将，护军营有营兵，将军下设长史、司马、功曹、主簿、五官等官吏。王羲之到任不久，即发现兵营中痼疾丛生：营兵员额不足，全军装备如铠甲、兵器、箭支、船只、马匹皆破旧瘦弱不堪，兵卒老弱参差。王羲之任职后，发布《临护军教》，下令要求军营里公役均平，委派忠于职守、谨慎公平的太史到诸营监督视察，对于所遇到的困难，可以畅所欲言，如军中有老弱病残、不堪从役者，都要区分不同情况予以安置。

三年后，永和七年（351），原会稽内史王述丧母，因丁艰而去职，王羲之又在殷浩的支持下出任会稽内史、右军将军。时王羲之四十九岁。

会稽郡和吴郡、吴兴郡合称三吴，是扬州最为富庶的地方。郡治山阴县，景色优美，古迹众多。琅琊王氏中，王舒、王允之（未到任而卒）、王恬曾为会稽内史。该职俸禄优厚（中二千石），王羲之因有将军称号，为四品官，与无将军称号的州刺史平级。

殷浩与桓温的权力之争，此时表现得最为激烈。殷浩与桓温之争最突出的表现，就是争夺东晋北伐的主导权。北伐是东晋政坛上一个突出的现象，东晋建国之初，祖逖就倡导北伐，后来庾亮、庾翼、褚裒、殷浩、桓温都发动过北伐战争。从收复失地到自树权威以捞取政治资本，北伐的目的和实质发生了深刻的变化。殷浩北伐，就是为了与桓温争夺政治上的主导权。王羲之看到当时东晋并不具备北伐的条件，对殷浩北伐的前景深表忧虑。

王羲之的政治生涯始终处于王、庾两派和殷、桓两派的政治斗争中。但王羲之在这两个政治旋涡中，始终坚持着中立共处的立场，在两个政治集团之间巧妙斡旋，这使他在复杂的政治局势中逢凶化吉。王羲之是琅琊王氏家族的重要成员，但他没有接受王导的征召，而任职于庾亮的幕府；王羲之受殷浩的举荐提携，心存感激，但他没有成为殷浩打击桓温的工具。

5. 会稽任上　兰亭修禊

永和七年（351），王羲之出任会稽内史、右军将军，历时五年。王羲之真正的政治作为，体现在他担任会稽内史的这一时期。王羲之在任内一反东晋时期崇尚玄谈、不务实效的风气，他谋划国是，革除弊政，勤政爱民，开仓赈灾，减轻赋税，倡导文化，修禊兰亭，对会稽地区的发展做出了突出的贡献，是一位卓有成效的地方官。主要政绩有：

一是谋划国是，雅有鉴裁。

王羲之虽为地方官吏，但对朝廷大事十分关注。尤其是对北伐等关系国运和百姓凤愿的大事，他都坦率直言，表现了自己的"鉴裁"能力。他对几次北伐采取了不同的态度。康帝建元元年（343），庾翼请求北伐，多数人反对，王羲之却致书康帝，表示了大力支持。

而对殷浩的北伐则采取了否定态度。永和七年（351）十二月，与殷浩不谐的桓温提出北伐，率五万精兵由江陵顺江而下，进驻武昌，以此威胁朝廷任命他领军北伐。殷浩为了争夺北伐领导权，于永和八年（352）正月，上表请求北伐，受命为中军将军，都督扬、豫、徐、兖、青五州军事。他全然不顾江东将士不适应北方严寒的气候，结果出师不利，大败而还。然而他不承认北伐失败，准备再次举兵。身在会稽的王羲之对客观形势进行了分析，他深知殷浩"高谈庄老，说空终日"，缺少处理军政事务的实际能力，便致书殷浩，劝他暂退江南。

他认为北伐丧师是因大臣为自己打算，损丧了国家的"根本"。当务之急，应退守长江。殷浩本人应当"引咎责躬，深自贬降以谢百姓"。为了劝阻殷浩北伐，王羲之同时给会稽王司马昱上书，陈述殷浩不宜北伐的理由。首先，王羲之认为东晋的实力不足以与中原对抗。东晋的版图很小，其重心在吴越地区，只有天下的十分之一，又加上连年的战争，人口大量减少。就实力来说，吴越和中原势力悬殊，所以并不具备北伐的条件。其次，王羲之指出朝廷内部将相不和，北伐不是为了国家的利益，而是个人树立威名的手段，所以北伐不会成功。最后，王羲之指出北伐战争消耗国力，使百姓生活困苦，甚至可能会出现民变，爆发秦代陈胜、吴广那样的起义。

可惜王羲之的意见没有被采纳。永和九年（353）十月，殷浩率兵自寿春出发，再次北伐。但羌族将领姚襄叛变，当北伐军行进到山桑时，姚襄在夜间突然袭击殷浩，大军不战自溃，殷浩弃辎重而逃，北伐以惨败告终。永和十年（354）一月，桓温上疏罪责殷浩，殷浩被废为庶人，数年后病死于贬所。

王羲之站在战略高度看待北伐问题，他认真分析敌我实力的现状，并且深刻地分析战争的结局和可能引发的种种社会危机，这些观点都切中时弊，体现出了王羲之高超的战略眼光和卓越的军事才能。

二是革除弊政，减轻赋税。

王羲之担任会稽内史时，针对东晋当时存在的弊端，提出了许多正确的建议，并在自己的职责范围内，采取了许多切实可行的措施，力图革除弊政。

王羲之接过郡务后，即对全郡的户口、赋役、山川、风习、物产、气候、人文、巨室、乡宦、九品的隆替了然于胸，并且很快开始处理其职责内的政务。亲理郡务中，他发现花费时间最多的并非传统的听讼、劝农、兴教化、举人才等事务，而是应付上自尚书省、下至扬州刺史府下发的公文令符。这些公文主要集中在三个方面：一是催缴田赋军米。田赋有章可循，军米则无固定数额，而且索要期限紧迫，务须在限期内送到。二是征兵。由于兵员在路上、营中大量逃亡和死亡，须随时增补。三是调发郡民赴本郡及本州服各种杂役，名目繁多。王羲之通过观察、调查，看到了种种弊端，他知道，一切杂务由郡守交给县令，县令再委之胥吏，弊端是不可避免的。

王羲之认为当时政府存在两个弊病，一是衙门"文符如雨，倒错违背"，滥发公文，互相矛盾，弄得下级官吏和老百姓疲于奔命，无所适从，因而政令紊乱不畅。二是政府人员冗杂，相互牵制，虚耗了国家大量的财政收入。王羲之主张整顿纲纪，大声疾呼精减冗员，简化政务，保持政令畅通。

王羲之对于官吏贪腐深恶痛绝。他认为田赋军米，层层克扣，加上监官的明取暗盗，民间交上百石米粮，到得扬州，只能剩下四五十石，不足之数，仍由郡县补齐。王羲之在视察诸县时，发现仓督监耗盗官米"动以万计"，"令国用空乏"。如余姚一个县就达十万斛。问题的严重性不仅如此，属会稽管辖的其他诸县也同样如此。为此，王羲之着力整顿吏治，慎选胥吏，他认为对蠹吏用"诛翦一人，其后便断"的严厉措施，杀一儆百，才能清明政治。

东晋北伐战争不断，对于朝廷繁重的赋役，百姓不堪重负，大量流亡，户口日减。王羲之每每上疏荐言，为民请命。对因为处置不当，引起百姓流亡、户口日减等弊病，他提出了切实的意见。王羲之认为"征役及充运死亡叛散"的人数很多，提出减少判死刑的人，让他们补充兵役；判五年徒刑的可充当杂工医寺的人，这样使他们生活比较安定，不易亡叛，更重要的是百工生产各种手工业产品，既可保证朝廷和军队的需要，也可以供应市场，进而可以稳定社会。

王羲之任内还力主复开漕运。所谓漕运，是指通过水路将粮食解往京师或指定地点的运输。东晋时期，由于南北分裂，战争不断，漕运久停。殷浩北伐时，一切军需只好转运供给，西输许洛、北入黄河，应征服役的民工忍受不了苦难，"流亡日众"。王羲之向朝廷建议复开漕运，并提出实施办法。朝廷决定复开漕运后，要委派主管官员实施，到年终以此来考核政绩。主管官员如不能完成任务，可送至尚书省治罪。如果三县不实行，则郡守必须罢免，或派到边疆关塞环境艰苦的地方，降职任用。

三是开仓赈灾，禁酒节粮。

王羲之担任会稽内史期间，永和八年（352），会稽郡遭受旱灾，直至永和九年（353）春天。时值青黄不接，饥荒蔓延，百姓只能以草根、树皮充饥，同时又受军粮苛剥，处于水深火热之中。面对这一严重灾难，王羲之心急如焚。《全晋文》卷二十三载王羲之书札云："知郡荒，吾前东，周旋五千里，所在皆尔，可叹。江东自有大顿势，不知何方以救其弊！"他敢于承担责任，断然决定打开粮仓赈济灾民。《全晋文》卷二十四载王羲之书札云："百姓之命倒悬，吾夙夜忧此，时既不能，开仓庾赈之，有何不可？"当时有人提出，那些粮仓所存粮食是百姓交给朝廷的赋税，不得轻易动用。擅分税粮轻则罢官，重则处死。但王羲之认为，粮是百姓缴的，如果百姓逃荒的逃荒、饿死的饿死，又有谁来缴粮纳税呢！王羲之先行开仓赈灾，受到百姓的拥戴。

东晋时期饮酒成风，特别是那些风流名士更是整天酒醉如泥。流风所及，民间也嗜酒成习。每年酿酒所费的粮食，数量惊人。为了节约粮食，渡过难关，王羲之于是下令禁酒。本郡在一年之内不得酿酒，市面上也不得出售酒类。下令禁酒是为了节约粮食，防止百姓饿死。禁酒令实施以后，一定程度上缓解了粮食紧张局面，"此郡断酒一年，所省百余万斛米，乃过于租。此救民命，当可胜言"。

四是重视教化，修禊兰亭。

王羲之担任会稽内史期间，倡导文化建设，营造重视教化氛围，大兴诗书风尚，推动了会稽地区的新一轮文明进程。

王羲之担任会稽内史第三年，永和九年（353）三月初三上巳节，邀集同好在会稽山阴之兰亭聚会，他们探究玄理，欣赏风景，流觞赋诗，留下了被誉为"天下行书第一"的《兰亭集序》。

三月初三上巳修禊，是古人在水滨举行用以消除不祥之祓祭的一种仪式，《后汉书·礼仪志》记曰："（三月）是月上巳，官民皆洁于东流水上，曰洗濯祓除去宿垢疢为大洁。"到后来仪式逐渐淡化，演变为一种在河边嬉游宴饮的聚会。王羲之召集的这次三月初三的聚会，是一次盛大的集会，地点选在会稽山阴之兰亭，这是一个背山面水的好地方，"此地有崇山峻岭，茂林修竹，又有清流激湍，映带左右"。这一天"天朗气清，惠风和畅"。这次集会，"群贤毕至，少长咸集"，共有四十二人参加，众人临河踏青，饮酒赋诗。盛满酒的羽觞顺溪而流，至谁面前被岸石挡住，谁即或作诗或罚酒。这次集会，有二十六人赋诗，共得诗三十七首，是为《兰亭诗》。但此次集会为后代艳称的不在于诗本身，而在于王羲之为二十六人诗作写的一篇序文——《兰亭集序》。此序反映出他的文采和人生哲学，更重要的是，此序为王羲之亲笔所书，从容平和，雅静洒脱，婉丽多姿，其书法之妙震烁古今，后人称为"天下行书第一"。

流觞亭

兰亭集序

永和九年，岁在癸丑，暮春之初，会于会稽山阴之兰亭，修禊事也。群贤毕至，少长咸集。此地有崇山峻岭，茂林修竹，又有清流激湍，映带左右，引以为流觞曲水，列坐其次。虽无丝竹管弦之盛，一觞一咏，亦足以畅叙幽情。

是日也，天朗气清，惠风和畅，仰观宇宙之大，俯察品类之盛，所以游目骋怀，足以极视听之娱，信可乐也。

夫人之相与，俯仰一世，或取诸怀抱，悟言一室之内；或因寄所托，放浪形骸之外。虽取舍万殊，静躁不同，当其欣于所遇，暂得于己，快然自足，不知老之将至。及其所之既倦，情随事迁，感慨系之矣。向之所欣，俯仰之间，已为陈迹，犹不能不以之兴怀。况修短随化，终期于尽。古人云，死生亦大矣，岂不痛哉！

每览昔人兴感之由，若合一契，未尝不临文嗟悼，不能喻之于怀。固知一死生为虚诞，齐彭殇为妄作。后之视今，亦犹今之视昔。悲夫！故列叙时人，录其所述，虽世殊事异，所以兴怀，其致一也。后之览者，亦将有感于斯文。

6. 告誓辞官　晚年隐居

永和十一年（355）三月初九，王羲之在父母的墓地前陈词告誓，他将辞官退隐。在这篇《告誓文》中，王羲之的情感非常悲愤，他用告天发誓的形式来和官场决裂，竟然使得"朝廷以其誓苦，亦不复征之"。时王羲之五十三岁。

对于王羲之辞官的原因，不外乎以下几方面：

王羲之辞官一个直接的原因是与王述的矛盾。王述原与王羲之齐名，在王羲之为临川太守时，王述只是一位县令（宛陵令）。后来王述出任会稽内史，永和七年（351），王述因丁艰而去职，王羲之接任会稽内史、右军将军。永和十年（354），前任会稽内史王述服母丧期满，时值殷浩废为庶人，王述代殷浩为扬州刺史，加征虏将军。王述出身于门第显赫的太原王氏，但东晋以来太原王氏极端衰落，王述也因为家境衰落，爱慕钱财；同时王述性格急躁，缺乏名士喜怒不形于色的风采。这些都使王羲之看不起王述。虽然如此，他们在永和以前并无过节。王羲之和王述真正结怨是在永和七年（351），这一年会稽内史王述因丧母而去职守孝，王羲之便代替王述接任会稽内史。王述守丧家居时，一直盼望王羲之来看望他，但王羲之因为看不起他的为官作风，对王述礼节上很是轻慢，仅仅是见了一面，敷衍了事。王述认为王羲之会再次前来吊唁，但是等了几年也没有等到，因此便结下了仇恨。让王羲之意料不到的是，守丧期满的王述竟然升迁为自己的顶头上司——扬州刺史。更让王羲之难堪的是，这位顶头上司对他公报私仇，有意为难。王述来检查会稽刑政，严格督察，吹毛求疵，竭尽苛求，故意刁难，使王羲之疲于应对。这使王羲之甚为不满，引为奇耻大辱。王羲之也曾试图避开王述，他曾要求朝廷将会稽改为越州，与扬州并列，这样自己便不会成为王述的下属，而不在王述权威之下。但是，结果不仅未达到目的，反而给他人以笑柄。王述的打击报复，使王羲之不堪忍受，这是他辞官的一个直接原因。

王羲之深深地卷入桓温与殷浩权力斗争的政治旋涡之中。当时安西将军、荆州刺史桓温攻克了成都，一举打败了成汉国，名声大振，其势力迅速壮大起来。荆、扬是当时的两大重镇，荆州位居长江上游，对长江下游的扬州、建康威胁很大。皇帝惶惶不可终日，故将殷浩拉做自己的亲信，并委以重任，让他掌握扬、豫、徐、兖、青五州的军事大权，以防桓温不测。在这种情况下，殷、桓矛盾日渐尖锐，桓温军事力量的强大对殷浩触动很大，殷浩求功心切，不顾主客观条件先后北伐，每次北伐，王羲之都苦口婆心地劝告他不要轻举妄动，否则将会以失败告终。可是殷浩根本不加理会，结果大败而回。恒温乘机弹劾殷浩，结果殷浩被贬为庶人，死于贬所。桓温原来与王羲之没有什么利害冲突，由于上述矛盾，桓温视王羲之为殷浩的亲信、党羽，现在殷浩倒台，桓温得势，这对王羲之是非常不利的。

这是王羲之辞官的又一个原因。

王羲之辞官的深层原因是王氏家族的衰落。东晋初年，琅琊王氏王导、王敦奠定了"王与马，共天下"的格局。王敦叛乱后，琅琊王氏失去了对荆襄地区的控制，王导不得不用王羲之的政治联姻，借助郗鉴的军事力量和庾亮周旋，东晋朝局形成了王导、郗鉴、庾亮相持的状态。琅琊王氏和颍川庾氏明争暗斗，庾亮、王导、郗鉴死后，王、庾两家对荆襄地区的争夺中不断酿成血案，庾怿和王允之先后毙命。王允之死后，琅琊王氏虽然凭借高贵的门第拥有崇高的社会地位，但从此失去了控制朝局的能力。王羲之身处在家族由盛转衰的转折点上，他具有远大的政治抱负，他想在政治上有一番作为。但是，琅琊王氏家族衰落了，在政治领域已经没有发言权了，王羲之对王氏家族的衰落备感遗憾，对东晋朝廷也不再抱有任何希望，这使他下决心辞官退隐，脱离官场的明争暗斗。所以，王羲之便不顾皇权，毅然决然地辞官，他既不向朝廷叙说辞官的原因，也没有提及自己的辞官辜负了朝廷的栽培，甚至死前还立遗嘱不愿意接受朝廷的追命。

王羲之辞官后隐居于山阴，后搬迁至剡县（今嵊州）之金庭。据嵊县《金庭王氏族谱》记载，王羲之"入剡经金庭，见五老、香炉、卓剑、放鹤诸峰，以为奇丽幽缈，隔绝世尘，眷恋不能已！遂筑馆居焉。从之者夫人郗氏、乳母毕氏、中子操之"。这是在他任会稽内史

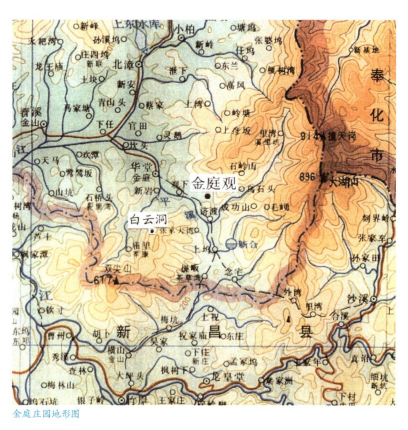

金庭庄园地形图

时，亲自选定的。这当然不是随意确定的，因为剡多名山，被称为福地。唐代裴通说："越中山水奇丽剡中为最，剡中山水奇丽金庭为最。"白居易亦说："越有桐柏之金庭，养真之福地，神仙之灵墟，亦三十六洞天之一。"传说山上有灵芝，"尝闻异香，泉则石髓金精，清馨甘冽，时值仙人，从古下死，真天之绝境也"。王羲之迷恋山水，信仰道教，剡之金庭对他具有很大的吸引力。金庭白云洞，传说是王羲之始祖王子晋吹笙处。出于对祖先的崇敬，这也是王羲之择金庭而居的原因之一。

辞官之后，王羲之没有烦琐的政务纠缠，用不着在官场朝廷间周旋，更不需在枯燥无味的案牍疏奏上劳神，显然在精神上是得到了解放。据《晋书·王羲之传》记载，王羲之"与东土人士尽山水之游，弋钓为娱"，"遍游东中诸郡，穷诸名山，泛沧海"，最远处到了临海郡（今浙江临海）。可能还曾到过永嘉郡（今浙江温州），这些地方至今尚有很多与王羲之有关的名胜古迹。王羲之陶醉其间，常自叹："我卒当以乐死。"王羲之虽然对隐遁优游的生活颇为满意，但是并没有真正忘怀政治，他仍关心国家的大事、家族的发展，并联姻谢氏。

王羲之关心国家的大事。当时晋与前燕之间的战线犬牙交错，此进彼退，他身在会稽，与领兵的好友如谢尚、谢奕、谢万、荀羡，内弟郗昙，以及桓温，常有书信往来，了解前线的情况，关注北伐的进展。王羲之非常关注桓温的北伐，他们之间一直保持着频繁的书信往来。永和十二年（356），桓温进行第二次北伐，大败羌族叛将姚襄，收复故都洛阳。桓温的这次胜利，重新燃起了人们收复失地的希望。王羲之写了许多书札，肯定桓温是杰出的军事人才，由衷地赞叹桓温的功勋。桓温北伐以后，控制了东晋朝廷的内外大权，辅政的司马昱的权力被架空，王羲之也没有倒向桓温，在桓温与司马昱之间依然奉行不偏不倚的态度，此时他与司马昱也有许多书信往来，对司马昱的处境深表担忧。升平三年（359），前秦慕容儁进逼洛阳，司马昱任命谢万为西中郎将，监司、豫、冀、并四州诸军事，豫州刺史，出征北伐，一听到消息，王羲之立即分别写信给谢万与桓温，力图调和谢万与桓温之间的矛盾。同时，王羲之了解谢万不是将帅之才，希望他能与战士同甘共苦，爱护、尊重部下，但谢万最后寿春兵败逃归，许昌、颍川、谯、沛诸城相次为前秦慕容氏所攻掠，谢万由是被废为庶人。

王羲之非常关注家族的发展。升平元年（357），堂弟王彪之出任尚书左仆射。堂兄弟王胡之被任命为西中郎将、司州刺史、假节，朝廷欲派他绥辑河洛，王羲之对此任命表示忧虑。王羲之和谢尚、谢万、谢安、谢奕兄弟都有深厚的情谊。谢万失势以后，其兄谢安出仕。王羲之预料到陈郡谢氏会成为一支重大的政治力量，所以早在永和三年前后，为其次子王凝之聘娶了谢奕的女儿谢道韫。王、谢联姻，在当时也有政治意义。琅琊王氏自王导、王允之死后，虽然仍具有崇高的社会威望，但是已经不能左右政局；陈郡谢氏人才济济，谢尚、谢万、谢安、谢奕都是一代名士，家族势力蒸蒸日上，最终在谢安手中达到了权力的顶峰。王、谢联姻很好地维护了王羲之家族的利益。大约在升平四年（360），王羲之为小儿子王献之向郗昙的女儿郗道茂求婚，很快成了婚。郗昙在北伐之役中因病敌前退军，被免去北中郎将，徐、兖二州刺史，降号建威将军，但是郗氏在广陵重镇及京口一带，仍甚有威望。这件婚事，王羲之、王献之很满意。

琅琊王氏世代信奉天师道。王羲之在家庭与时代的熏陶下，对老庄学说及神仙之术深信不疑。他与道教中人往来甚密，采药不远千里，共修服食，终至疾病缠身。"服食"即服五石散，始于曹魏的何晏。因五石散性大热，服后要吃冷饭、洗冷水浴，在寒冷处休息（只有酒要喝热的），因此俗称寒食散。此散在汉代是用以治病的，因服后禁忌太多，有并发症状，因此使用较谨慎。经何晏提倡，不懂药理的便作为保健药，纷纷服用。何晏年方三十五岁，被司马懿所杀，寒食散的副作用还没有显示出来。后来继起服食的人，绝大多数深受其苦。当代学者余嘉锡称："魏晋之间有所谓寒食散者，服之往往致死。即或不死，亦必成为痼疾，终身不愈，痛苦万状，殆非人所能堪。俞正燮《癸巳存稿》卷七，尝持以比鸦片。"王羲之信奉道教，认为服食可以成仙得道，延年益寿，所以早就养成了服食习惯，从不间断。药石并没有使王羲之长生不老，相反损害了他的健康，他的晚年就是在病痛之中度过的。

王羲之的书法在晚年达到了艺术的巅峰。《晋书·王羲之传》中所说"羲之书，初不胜庾翼、郗愔，及其暮年方妙"；陶弘景《与梁武帝论书启》第五启中说"逸少自吴兴以前诸书，犹为未称，凡厥好迹，皆是向在会稽时、永和十许年中者"。均是指王羲之晚年书法已经"造其极"。王羲之晚年书作可考知时间的不多。关于楷书，《东方朔画赞》帖后有"永和十二年五月十三日与王敬仁"字样，《黄庭经》帖后有"永和十二年五月二十五日五山阴县写"字样，并有唐怀充、徐僧权押字。现传世书帖，即使是摹本，也被书家认定为楷书的极致。关于行书，《期小女四岁》帖和《官奴小女玉润》帖，据考证，

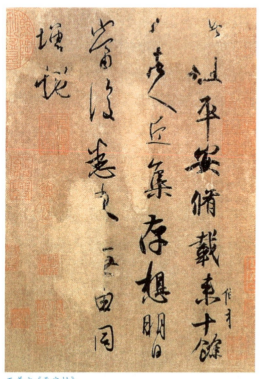

王羲之《平安帖》

是王羲之死前不久写的，今传世的也是摹本，其韵致、圆转，仍可称为翰墨神品。关于草书，《十七帖》中的"足下今年政七十耶"，因为下文有"吾年垂耳顺"语，可知是王羲之五十九岁时或稍前一点时间写的，而《十七帖》是公认为体现王羲之书法"龙跳天门，虎卧凤阙"这一评语的

墨迹。

升平五年（361），王羲之沉病日重。不幸的是，王羲之的孙女，延期（操之）的女儿四岁夭折，不到十天，献之新生的女儿又因急病而亡。王羲之哀痛异常。服寒食散的禁忌之一，是怕哀痛伤心。两个孙女的死更加重了他的病情。这年五月，穆帝去世。四天后，司马丕奉太后令继承帝位，大赦天下。见到赦书，抱病在剡县金庭操之处的王羲之，写了一封《贺表》，因为体力衰竭，表文很短："臣羲之言，伏惟陛下天纵圣哲，德齐二仪，应期承运，践登天祚。普天率土，莫不同庆。臣抱疾遐外，不获随例，瞻望宸极，屏营一隅。臣羲之言。"这应该是今日见到的王羲之最后的一篇文表。上表不久，王羲之逝世。

王羲之死后葬于剡县（今嵊州）金庭。

[贰]王羲之传说的文献记载

王羲之传说有着悠久的历史和深厚的背景，最早的文献记载见之于几乎与王羲之同时代的著作，如东晋裴启著的《语林》，东晋、南朝宋羊欣著的《续笔阵图》，南朝宋刘义庆《世说新语》、何法盛《晋中兴书》、荀伯子《临川记》、虞龢《论书表》、王缜之《寻阳记》，南朝齐王僧虔《论书》，南朝梁陶弘景《与梁武帝论书启》、吴均《入东记》、顾野王《舆地志》、慧皎《高僧传》，南朝陈虞荔《鼎录》等。进入隋唐时期，记载王羲之传说的文献更是层出不穷，如房玄龄修《晋书》中的《王羲之传》、张彦远《法书要录》、张怀瓘《书断》、虞世南《北堂书钞》、李绰《尚书故实》、何延之《兰亭始末记》、孙过庭《书谱》、澄观《大方广佛华严经随疏演义钞》、裴通《金庭观晋右军书楼墨池记》、李白的《王右军》和《送贺宾客归越》诗等。宋代以后，北宋有李昉等奉敕编纂的著名类书《太平御览》、李昉等奉敕编纂古代文言小说的第一部总集《太平广记》、曾巩《墨池记》、米芾《书史》、苏易简《文房四谱》、朱长文《墨池编》、沈括《梦溪笔谈》，南宋有祝穆《方舆胜览》、胡仔《苕溪渔隐丛话》、黄柏思《东观余论》，明代有张岱的《夜航船》，地方志书有施宿等撰的《嘉泰会稽志》、林表民《赤城集》、高似孙《剡录》等。

1. 东晋裴启《语林》

东晋裴启著的《语林》是一部汉魏以来讫于两晋的知名人物精彩应对的记录。该书真实地反映了魏晋之际的时代特点和社会风貌，生动具体，意味隽永。在裴启笔下，人物惟妙惟肖，鲜活毕现，很好地把握住了那个时代的精神实质。《语林》还生动地论述了魏晋名士的才情风貌，记录下了一些重大历史事件，如：大将军王敦等人在西晋灭亡之际，闭户共为谋生之计，这时王旷（王羲之父）来，在门外，诸人不让其入；王旷乃凿壁而窥，大喝："天下大乱，诸君欲何所图谋？将欲告官。"众人遂延纳入座，共建江左之策。这条重要史料，揭示了琅琊王氏决定辅佐元帝在江东即位，建立东晋王朝，成就江左偏安之局的内幕。总之，《语林》具有很高的史料价值，知识性、可读性都很强。《语林》记载了不少有关王羲之的传说，如：

王羲之癫中答诗的故事。《语林》记载："王右军少尝患癫，一二年辄发动。后答许掾诗，忽复恶中，得二十字云：'取欢仁智乐，寄畅山水阴。清泠涧下濑，历落松竹林。'既醒，左右诵之。读竟，乃叹曰：'癫，何预盛德事耶？'"说王羲之从小有癫痫这毛病，每过一两年就发作一次。有一回，许询写来一首诗，王羲之要回赠一首，展纸泼墨之际突然发病了，但他还是下意识地写了一首五言小诗："取欢仁智乐，寄畅山水阴。清泠涧下濑，历落松竹林。"清醒之后，左右随从朗诵，读完，王羲之叹曰："我这个癫痫病，也没有影响了此等关事呀！"

王羲之以马迎客的故事。《语林》记载："王敬仁有异才，时贤皆重之。王右军在郡迎敬仁，叔仁辄同车，常恶其迟；后以马迎敬仁，虽复风雨亦不以车也。"王濛的儿子王修，字敬仁，弟王蕴，字叔仁，十二岁就会写书，又系皇亲国戚，当时人士都很推重他。王羲之在会稽郡迎接王修，他弟弟王蕴总是同来，常讨嫌他们动作太慢，拖拖拉拉。后来，王羲之干脆拉匹马去迎王修，即使刮风下雨也不用牛车了。六朝崇尚牛车，王公贵族以坐牛车为荣。以马迎客，以示轻视。

王羲之赠纸谢安的故事。《语林》记载："王右军为会稽令，谢公就乞笺纸。检校库中，有九万枚，悉以付之。桓宣武曰：'逸少不节。'"说王羲之出守会稽，好友谢安向他讨要笺纸。王羲之查验仓库，共有九万张，就全部送给了谢安。桓温听说后不以为然，说："王逸少也太不节俭了！"

王羲之智阻林公的故事。《语林》记载："浩于佛经有所不了，故遣人迎林公，林乃虚怀欲往。王右军驻之曰：'渊源思致渊富，既未易为敌，且己所不解，上人未必能通。纵复服从，亦名不益高。若佻脱不合，便丧十年所保。可不须往！'林公亦以为然，遂止。"说殷浩被贬废以后开始看佛经，他对佛经有所不解，便派人来接支道林，支道林欣然欲往。王羲之加以制止，说："殷浩长于清谈，你不是他的对手。他有不解之处，你也未必通晓。即使他服你，也不会提高你的名声。一旦轻谩不合，将丧失你十年高名。不能去的！"支道林认为王羲之说得有道理，就没有去。

2. 东晋、南朝宋羊欣《续笔阵图》

东晋、南朝宋羊欣（370—442）著的书法史著作《续笔阵图》。羊欣是王献之的外甥，跟随王献之学书法，隶、行、草书都很不错，名重当时，被评为"一时绝妙""最得王体"。当时有一句流行的俗话说："买王得羊，不失所望。"但是，和王献之书相比，差距其实是很大的。梁武帝《古今书人优劣评》评羊欣书最为精彩，他说："羊欣书如大家婢女为夫人，虽处其位，而举止羞涩，终不似真。"《续笔阵图》也记载了不少有关王羲之的传说，如：

王羲之窃读《笔说》的故事。羊欣《续笔阵图》记载："王羲之七岁善书，十二见前代《笔说》，于其父枕中窃而读之。父曰：'尔何来窃吾所秘？'羲之笑而不答。母曰：'尔看用笔法？'父见其少，恐不能秘之。语羲之曰：'待尔成人吾授也。'羲之拜请今而用之：'使待成人，恐蔽儿之幼令也。'父喜，遂与之。不盈期月，书便大进。卫夫人见，语太常王策曰：'此儿必见用笔诀，近见其书，便有老成之智。'流涕曰：'此子必蔽吾名。'"说王羲之七岁就擅长写字，十二岁时在父亲枕中看到古代的《笔说》，就偷来读。父亲发现后问："你为啥偷我枕中秘籍呀？"羲之笑而不答。母亲说："你在看笔法吧？"父亲怕他年纪小不能守住秘法，就对羲之说："等你长大我再传授给你。"羲之恳求父亲当下就传，说："等我成人，恐会浪费少年时光。"父亲很高兴，于是给了他。不到一月，羲之书艺大有长进。卫夫人见后，对太常王策说："此儿定是看了《笔说》，最近看他的书艺，已有老成稳重的风格。"她流泪叹息道："唉！这小子将来必定盖过我的名气啊。"

王羲之入木三分的故事。羊欣《续笔阵图》记载："晋帝时，祭北郊文，更祝板，工人削之，笔入木三分。"说东晋皇帝曾经在北郊祭地，由王羲之把祝辞写在祝板上。后来，举行第二次祭地大典，祝文要换新的，便让木匠去刨，但是刨不去原来的字迹，木匠非常惊奇。原来王羲之写的字，笔力竟然渗入木头三分多！

3.南朝宋刘义庆《世说新语》

南朝宋刘义庆（403—444）著的《世说新语》是一本奇特的书，内容主要是记录魏晋名士的奇闻趣事，也可以说这是一部记录魏晋风流的故事集。书中所载均属历史上实有的人物，虽然他们的言论或故事有一部分出于传闻，不尽符合史实，但因这些人物与刘义庆同时而稍早，其所记录的传闻，保存了当时社会、政治、思想、文学、语言等方面史料，具有极重要的价值和意义。《世说新语》中通过独特的言谈举止写出了王羲之的独特性格，使之气韵生动、活灵活现、跃然纸上。《世说新语》记载了不少有关王羲之的传说，如：

王羲之诈睡保命的故事。《世说新语·假谲》记载："王右军年减十岁时，大将军甚爱之，恒置帐中眠。大将军尝先出，右军犹未起，须臾钱凤入，屏人论事，都忘右军在帐中，便言逆节之谋。右军觉，既闻所论，知无活理，乃阳吐污头面被褥，诈孰眠。敦论事造半，方忆右军未起，相与大惊曰：'不得不除之！'及开帐，乃见吐唾纵横，信其实孰眠，于是得全。于时称其有智。"说王羲之年纪不到十岁时，族伯王敦非常喜欢他，出则同舆，入则共寝。有一次，王敦先起床，过了一会，钱凤进来，王敦关上门，两人窃窃私语，密谋换立皇帝。被王羲之听到，自知小命难保，于是吐口水弄脏脸面、被褥，假装熟睡。王敦、钱凤议论到一半，才想起王羲之还在里面没起床。两人大惊道："只能除掉他了！"打开床帐，却见王羲之口水四溢，确信他还在熟睡，因此王羲之得以保全性命。

王羲之坦腹东床的故事。《世说新语·雅量》记载："郗太傅在京口，遣门生与王丞相书，求女婿。丞相语郗信：'君往东厢，任意选之。'门生归，白郗曰：'王家诸郎亦皆可嘉，闻来觅婿，咸自矜持，唯有一郎在东床上坦腹卧，如不闻。'郗公云：'正此好！'访之，乃是逸少，因嫁女与焉。"说车骑大将军郗鉴在京口，派遣门生给丞相王导送信，欲在王氏子弟中招一位女婿。王导告诉郗家门生道："你去东厢房，任意选一位。"门生回到京口，告诉郗鉴："王家诸位少年郎均好，听说要选女婿，都很矜持庄重。唯有一位，袒露着肚腹躺在东床，好像不知道这件事的样子。"郗公说："正是这个最好。"待郗公上门访问，此人止是王羲之，便将女儿嫁给了他。

4. 南朝宋何法盛《晋中兴书》

南朝宋何法盛撰《晋中兴书》，记述东晋一代的历史。何法盛，宋孝武帝时为奉朝请，校书东宫。《晋中兴书》被刘知几称为东晋史书中最佳者。《晋中兴书》也记载了不少有关王羲之的传说，如：

王羲之牛心炙宴的故事。《晋中兴书·琅玡王录》记载："王羲之字逸少，导之从子也。初讷于言，人未之知。年十三，尝见周颛，颛异之。时重牛心炙，座客未啖，先割啖之。羲之于是知名。"说王羲之小时候不善言辞，人们也看不出他有什么过人之处。十三岁那年，王羲之曾前去拜见尚书左仆射周颢，周仆射察而异之。那时，人们把牛心炙视作最名贵的一道菜。王羲之因为年少，坐在宴席的最末一个座位，众宾未动筷，周颢却割下一片先给了王羲之，这当然是极大的礼遇，从此王羲之的名声传开来了。

王羲之遭王述报复的故事。《晋中兴书·琅玡王录》记载："（王述）丧除，征拜扬州。就征，周行郡境，而不历羲之。临发，一别而去……述既显授，又检校会稽郡，求其得失，主者疲于课对。"说王羲之在王述母丧期间吊丧不礼，王述一直记仇。后来，王述为母服丧期满，征为扬州刺史，成了王羲之的上司。王述上任前走访了会稽郡各县，但就是没有去王羲之家。赴任时，只与王羲之敷衍性地告别一下。到了扬州任上，王述一一稽查会稽的得失是非，使王羲之疲于应对。

5. 南朝宋虞龢《论书表》

虞龢，会稽余姚人。南朝宋书学家，官至中书侍郎。在宋明帝时曾奉诏与巢尚之、徐希秀、孙奉伯编次二王书。虞龢的《论书表》品题了宫中秘笈，及奉命寻访、征集到的法书中优秀作品，提供了当时所藏钟繇、王羲之、王献之各家的卷数、字数以及拓书的情况等。《论书表》也记载了不少有关王羲之的传说，如：

王羲之顿还旧观的故事。虞龢《论书表》记载："羲之书在始未有奇殊，不胜庾翼、郗愔，迨其末年，乃造其极。尝以章草答庾亮，亮以示翼，翼叹服。因与羲之书云：'吾昔有伯英章草书十纸，过江亡失，常痛妙迹永绝。忽见足下答家兄书，焕若神明，顿还旧观。'"说王羲之给庾亮的书信被庾翼看到，大为叹服，因而给王羲之去一封信，说："从前我保存有张芝的十张法帖，南渡时狼狈逃难，不幸丢失，常痛心妙迹永绝，忽然见到足下给我哥哥的书信，焕若神明，如同张芝妙迹顿时又回来了。"

王羲之书扇济贫的故事。虞龢《论书表》记载："旧说羲之罢会稽，住蕺山下，一老姬捉十许六角竹扇出市，王聊问一枚几钱，云直二十许。右军取笔书扇，扇为五字。姬大怅惋云：'举家朝餐惟仰于此，何乃书坏！'王云：'但言王右军书，字索一百。'入市，市人竞市去。姥复以十数扇来请书，王笑不答。"说王羲之辞官后住在蕺山下，一位老太太拿着十多把六角竹扇去卖，王羲之随便问了句："一把儿个钱？"老太太说："二十来个钱。"王右军取出毛笔，在每把扇上写了五个字。老太太十分惋惜地说："我全家生计都靠这几把扇，为何涂成这个样子！"王羲之说："只讲是王右军所书，每字索一百。"拿到市面上，人们竞相买走了。次日，老太太又拿着十多把扇，请王右军书字，王羲之笑而不答。

王羲之赞子飞白的故事。虞龢《论书表》记载："羲之为会稽，子敬七八岁，学书，羲之从后掣其笔不脱，叹曰：'此儿书后当有大名。'子敬出戏，见北馆新泥垩壁白净，子敬取帚沾泥汁书方丈一字，观者如市。羲之见叹美，问所作，答云'七郎'。羲之作书与亲故云：'子敬飞白大有意。'是因于此壁也。有一好事少年，故作精白纱褌，着诣子敬。子敬便取书之，草正诸体悉备，两袖及褾略周。少年觉王左右有凌夺之色，掣褌而走。左右果逐之，及门外，斗争分裂，少年才得一袖耳。"说王献之外出玩耍，看到北面客舍新用石灰涂的墙壁，白净可爱。于是让人拿来扫帚，蘸着泥汁，在白墙壁上书写一丈那么大的一个"一"字，很有气势，天天有人来观赏，如同闹市。

王献之像

王羲之看到后，赞赏写得漂亮，问是谁的手笔，人们告诉他是王献之所写。于是王羲之给亲故写信说："子敬的飞白大有意气。"有一好事的少年，特意做一件精白衣服，穿着它到王献之那里。献之便取而书之，草、正等各种书体都有，一直写到袖口。好事少年觉得身边的人有抢走的意思，拉起衣襟就走。那些人果然追赶到门外，在争抢中，衣襟撕裂，好事少年只得到一只衣袖。

王羲之榧板之书的故事。虞龢《论书表》记载："谢奉起庙，悉用榧材，右军取榧，书之满床，奉得一大簀。子敬后往，谢为说右军书甚佳，而密已削作数十榧板，请子敬书之，亦甚合。奉并珍录。奉后孙履分半与桓玄，用履为扬州主簿。余一半，孙恩破会稽，略以入海。"说山阴县谢奉造庙，全部用榧材，王羲之拿过来写了满满一坐。王献之后来到访，谢奉说其父王右军的书法很好，而暗地里已剖解数十块榧木板，请王献之书写，也很相衬。谢奉将二王父子书一并珍录。后来，谢奉的孙子谢履，一半送给了桓玄，桓玄即任命他为扬州刺史府主簿；其余一半，孙恩攻占会稽郡时，被抢到舟山一带海上去了。

6. 南朝陈虞荔《鼎录》

虞荔，虞世南之父，南朝梁、陈时余姚人。梁朝时任中书舍人；入陈，官太子中庶子。著有《鼎录》，收入《四库全书》《四明丛书》。《陈书》和《南史》均有传。

《鼎录》记载了王羲之九江书鼎的故事。虞荔《鼎录》记载："王羲之于九江作书鼎，高五尺，四面周匝，书遍刻之，沈于水中。真隶书。"说王羲之任江州刺史时，在刺史府所在地九江专门铸了一只鼎，高五尺，四面周围写上字，用的是真、隶体，命匠人刻之，沉于九江之中。古人铸鼎，一般为纪功，或藏之于名山，或沉之于大川，以期流布后世。王羲之"四面周匝，书遍刻之"，似乎是为了他的书法名垂不朽。

7. 唐房玄龄《晋书·王羲之传》

《晋书》，中国的二十四史之一，唐房玄龄等人撰。记载的历史上起三国时期司马懿早年，下至东晋恭帝元熙二年（420）刘裕废晋帝自立，以宋代晋。该书同时还以"载记"形式，记述了十六国政权的状况。原有叙例、目录各一卷，帝纪十卷，志二十卷，列传七十卷，载记三十卷，共一百三十二卷。后来叙例、目录失传，今存一百三十卷。由于唐太宗李世民也在宣帝（司马懿）、武帝（司马炎）二纪及陆机、王羲之两传写了四篇史论，所以有题"御撰"。《晋书·王羲之传》记载了许多王羲之的故事，如：

王羲之生性爱鹅的故事。《晋书·王羲之传》记载："性爱鹅，会稽有孤居姥养一鹅，善鸣，求市未能得，遂携亲友命驾就观。姥闻羲之将至，烹以待之，羲之叹惜弥日。"说王羲之生来喜欢鹅，会稽有个孤老太太养了一只鹅，叫得好听，王羲之想买没买来，于是带领亲友命人驾车前去观看。老太太听说王羲之要来，就把鹅杀了煮熟等他来。王羲之为此感叹惋惜了好几天。

王羲之写经换鹅的故事。《晋书·王羲之传》记载："又山阴有一道士，养好鹅，羲之往观焉，意甚悦，固求市之。道士云：'为写

兰亭鹅池

《道德经》，当举群相赠耳。'羲之欣然写毕，笼鹅而归，甚以为乐。其任率如此。"说山阴有个道士养了一群好鹅，王羲之去看，非常喜欢，再三要求买他的鹅。道士说："给我书写《道德经》，我就把这群鹅全都送给你。"王羲之欣然给他书写，然后非常快活地把鹅装在笼子里带回去了。

王羲之榧几留书的故事。《晋书·王羲之传》记载："尝诣门生家，见榧几滑净，因书之，真草相半。后为其父误刮去之，门生惊懊者累日。"说王羲之曾经到门生家，看见几案光滑洁净，就在上面写字，真书草书各半。后来门生的父亲把字刮掉了，门生懊悔了好几天。

王羲之书扇济贫的故事。《晋书·王羲之传》记载："又尝在蕺山见一老姥，持六角竹扇卖之。羲之书其扇，各为五字。姥初有愠色。因谓姥曰：'但言是王右军书，以求百钱邪。'姥如其言，人竞买之。他日，姥又持扇来，羲之笑而不答。其书为世所重，皆此类也。"说王羲之曾经在蕺山看见一个老太婆，拿着六角竹扇卖。王羲之在扇子上写上字，每把扇子五个字。开始老太婆有些生气。于是他对老太婆说："你只要说这是王右军的字，可以卖一百钱。"老太婆就这样对人说，人们都争着买。有一天老太婆又拿扇子来，王羲之笑着不说话。他的书法受到世人的欣赏，就是这样的。

王羲之池水尽黑的故事。《晋书·王羲之传》记载："每自称'我书比钟繇，当抗行；比张芝草，犹当雁行也'。曾与人书云：'张芝临池学书，池水尽黑，使人耽之若是，未必后之也。'"说王羲之每每自称"我的字与钟繇比，可以和他并行；与张芝的草书相比，也可以与之同列"。他曾经给人写信说："张芝在水池边学写字，池水都被墨汁染黑了，如果人们都像他那样爱好而用心，也不会比他差。"

王羲之顿还旧观的故事。《晋书·王羲之传》记载："羲之书初不胜庾翼、郗愔，及其暮年方妙。尝以章草答庾亮，而翼深叹伏，因与羲之书云：'吾昔有伯英章草十纸，过江颠狈，遂乃亡失，常叹妙迹永绝。忽见足下答家兄书，焕若神明，顿还旧观。'"说王羲之的字开始不如庾翼、郗愔好，到了晚年才出色。曾经用章草给庾亮回信，

题扇桥

庾翼见到后深深地叹服，于是给王羲之写信说："我从前有十张伯英的章草，过江时颠沛，因而遗失了，常常叹惜美妙的笔迹永远不会再有了。忽然看见足下答复家兄的信，光彩焕发有如神明，顿时又有了旧日景象。"

8. 唐张彦远《法书要录》

张彦远（815—907），中国唐代画家、绘画理论家。字爱宾。蒲州猗氏（今山西临猗）人。出身宰相世家，曾任舒州刺史、左仆射补阙、祠部员外郎、大理寺卿。家藏法书名画甚丰，精于鉴赏，擅长书画，无作品传世。著《历代名画记》《法书要录》《彩笺诗集》等。《法书要录》，共十卷，是书收录了自东汉至唐代元和年间各家的书法理论文字，著录了大量书法名迹，采掇宏富，编辑精审，许多有关书法的记述著作，均赖此书以存留，是目前研究中国书法史和书法理论的重要文献。

《法书要录·右军书记》记载了王羲之"断酒"的故事。《法书要录》记载："百姓之命倒悬，吾夙夜忧此，时既不能开仓廪赈之，因断酒以救民命，有何不可？！而刑犹至此，使人叹息。断酒事终不见许，然守之尚坚，弟亦当思同此怀。此郡断酒一年，所有百余万斛，乃过于租，此救民命，当可胜言！近复重论，相赏有理，卿可复论。"说王羲之出守会稽，主要使命是为北伐筹粮筹款募壮丁。王羲之来到后，发现会稽郡正遭旱灾，他上书朝廷要求开仓赈济，但朝廷不同意，便转而请求禁止酿酒。在给亲友的信中，王羲之说：百姓之命倒悬，我夙夜忧虑。目前形势既然不容许开仓赈粮，就应禁止豪族富家酿酒。又说：此郡断酒一年，可节约百余万斛米，几乎超过上缴所收租米。虽迟迟不见批准，但我坚持这一主张。

9. 唐张怀瓘《书断》

张怀瓘，唐代书法家、书学理论家，海陵（今江苏泰州）人，活动于开元（713—741）间，官翰林供奉、右率府兵曹参军。南宋陈思《书小史》称其善正、行、草书。对书法十分自矜，自称："正、行可比虞（世南）、褚（遂良），草欲独步于数百年间。"著有《书议》《书断》《书估》《画断》《评书药石论》等，为书学理论重要著作。

《书断》记载了王羲之书法入棺的故事。《书断》记载："王修，字敬仁，仲祖之子，官至著作郎。少有秀令之誉。年十三著《贤令论》，刘真长见之嗟叹不已。善隶、行书。尝就右军求书，乃写《东方朔画赞》与之。王僧虔曰：'敬仁书殆穷其妙。'王子敬每看，咄咄逼人。升平元年卒，年二十四。始，王导爱好钟氏书，丧乱狼狈，犹衣带中存《尚书宣示》。过江后，以赐逸少。逸少与敬仁。敬仁卒，其母见此书平生所好，以入棺。"王导爱好钟繇的书法，虽在丧乱流离中，犹在衣带中藏着《宣示表》真迹，每每拿出来给人看。来到江南后，王导将《宣示表》真迹送给了王羲之，王羲之又借给了王敬仁。敬仁曾经向王羲之求墨宝，王书写了一纸《东方朔画赞》给他。晋升平元年，王敬仁去世，年仅二十四岁。他母亲见到儿子生前非常喜爱这些墨宝，于是将它们放进棺中陪葬了。

10. 唐虞世南《北堂书钞》

虞世南（558—638），字伯施，越州余姚人。南北朝至隋唐时著名书法家、文学家、诗人、政治家。善书法，与欧阳询、褚遂良、薛稷合称"初唐四大家"。太宗贞观年间，历任著作郎、秘书少监、秘书监等职。其所编的《北堂书钞》被誉为唐代四大类书之一，是中国现存最早的类书之一。《北堂书钞》记载了王羲之的一些故事。

王羲之徒增其叹的故事。《北堂书钞》记载："庾怿尝以毒酒饷江州刺史王允之。王允之觉其有毒，饮犬，犬毙，乃密奏之。帝曰：'大舅已乱天下，小舅复欲尔邪！'怿闻，遂饮鸩而卒。庾冰与王羲之书曰：'得示。连纸一丈，致辞一千，只增其叹耳，了无解于往怀。'"庾怿送毒酒给王羲之的堂兄王允之，意图毒杀他。但王允之怀疑酒有毒，于是给一条狗喂了酒，狗毒发身亡，于是密奏给晋成帝。晋成帝知道后大怒，说："大舅已经乱了天下，小舅又要这样吗！"庾怿被迫自杀。王羲之知道后，为维护王、庾家族关系，给庾怿的哥哥庾冰写了一封长信。庾冰回信说："来信收悉。连纸一丈，致辞一千，徒然增加我叹息罢了，一点也没有了却我们的往日情意。"

王羲之谨送屏风的故事。《北堂书钞》记载："王羲之与殷浩书云：尔宫乃劝令画廉蔺于屏风。"执政朝廷中枢的殷浩，与手掌兵权的桓温将军关系很紧张。王羲之忧心忡忡，从护军府特地修书一封，希望殷浩向廉颇蔺相如学习，但殷浩不从。王羲之就亲自作画，画了一张"将相和"故事于屏风上，并且将屏风送到殷浩府上。

11. 唐孙过庭《书谱》

孙过庭（活动于7世纪后期），一说名虔礼，字过庭，河南陈留人，一说名过庭，字虔礼，浙江富阳人。根据本卷自题，为吴郡人，名过庭。出身寒微，迟至不惑之年始出任率府录事参军之职，以性高洁遭谗议而去官。之后，遂专注于书法研究。孙过庭专习王羲之草书，笔法精熟，唐代无人能与他相比。《书谱》不仅是一篇文辞优美的书学理论，也是草书艺术的理想典范。

《书谱》记载了王羲之"真大醉也"的故事。孙过庭《书谱》记载："谢安素善尺牍，而轻子敬之书。子敬尝作佳书与之，谓必存录，安辄题后答之，甚以为恨。安尝问敬：'卿书何如右军？'答云：'故当胜。'安云：'物论殊不尔。'子敬又答：'时人那得知！'……羲之往都，临行题壁。子敬密拭除之，辄书易其处，私为不恶。羲之还，见乃叹曰：'吾去时真大醉也！'子敬乃内惭。"谢安素来擅长信札，而轻视王献之的书法。献之曾作佳书，以为谢安定会收藏，谢安只在空白处回答几句就算回信了，献之甚为怨恨。谢安曾问献之："你的字比你父亲的如何？"答道："当然超过他。"谢安却说："旁人的评论可不是这样啊。"献之又答道："一般人哪里懂得！"有次王羲之去京都，临行前曾在墙上题字。走后献之悄悄擦掉，题上自己的字，认为写得不错。待羲之回家来一看，叹息道："我临走时真是喝得大醉了！"献之这才内心感到惭愧。

12. 唐澄观《大方广佛华严经随疏演义钞》

唐澄观《大方广佛华严经随疏演义钞》记载了右军戒珠的故事："有一比丘，至金师家，其金师正为王家穿珠。由比丘着赤色衣，映珠似肉，有鹅吞之。金师失珠，傍更无人，决谓比丘盗其宝珠。询问，言无。遂加栲楚。比丘了知珠为鹅吞，为惜鹅命，甘苦而默。殴击血流，鹅来唼血，杖误杀鹅。比丘见已，便言'珠在'。金师问言：'何不早陈，受斯楚毒？'比丘答言：'珠为鹅吞。我为持戒，惜鹅命故，默受斯苦。鹅若不死，设断我命，我亦不言。'金师白王，具陈上事，王加敬重。"相传，王羲之不仅爱鹅，也癖好珠。他有一颗十分珍贵的明珠，经常展玩摩挲，以增运笔腕力。一天，有金师为王家穿珠，正好有一僧人至。忽然间明珠不见了，金师断定是僧人所偷。僧人为惜鹅命，也不加辩白，甘受杖刑，结果鹅被误杀后找到了明珠。王羲之于是对僧人敬重有加。据说，王羲之因之毅然舍宅为寺，并从此"戒珠"，再不耽玩明珠了，寺也由此号"戒珠寺"。

13. 北宋李昉等《太平御览》

《太平御览》是宋代一部著名的类书，为北宋李昉、李穆、徐铉等学者奉敕编纂，始于太平兴国二年（977）三月，成书于太平兴国八年（983）十月。《太平御览》采以群书类集之，全书以天、地、人、事、物为序，分成五十五部，可谓包罗古今万象。书中共引用古书一千多种，保存了大量宋以前的文献资料，但其中十之七八已经散佚，更使本书显得弥足珍贵，是汉民族传统文化的宝贵遗产。《太平御览》中记载有王羲之的故事，如：

王羲之命驾观鹅的故事。《太平御览》记载："《世说》曰：会稽有孤居老姥，养一鹅，鸣唤清长。时王逸少为太守，就求市之，未得。逸少乃携故亲，命驾共往观之。姥闻二千石当来，即烹以待之。逸少既至，殊丧往意，叹息弥日。"说《世说》记载，王羲之生性爱鹅，听到鹅声便欣欣然。会稽有一位孤老太太养了只鹅，鸣声清远。王羲之想买来，未能买成。王羲之于是就带着亲友，坐着牛车前去观看。老太太听说右军大人要来，就早早地把鹅杀好煮熟，准备招待他。王羲之驾到，一看这情形，哭笑不得，"可惜可惜"叹息了一整天。

王羲之之死的故事。《太平御览》引《太平经》："王右军病，请杜恭。恭谓弟子曰：'右军病不差，何用吾？'十余日果卒。竟以乐死，遂其初情。春秋五十有九，卒于会稽之里第。朝野轸恸，郡县伤嗟。路泣行号，风悲日惨。"说王右军得了重病，专门派人去钱塘，请求五斗米师杜子恭来治病。杜子恭对弟子说："右军病得不行了，还用得上我吗？"过了十几天，右军果然死了。他是快快乐乐死去的，死在会稽家里。噩耗传出，朝野痛惜而哀恸，郡县悲伤而感叹，奔丧的路上一片哭泣，风为之悲鸣，日为之惨淡。

14. 北宋李昉等《太平广记》

《太平广记》是古代文言小说的第一部总集，宋代人编的一部大书。全书五百卷，目录十卷，取材于汉代至宋初的野史传说及道经、释藏等为主的杂著，属于类书。宋代李昉、扈蒙、李穆、徐铉、赵邻几、王克贞、宋白、吕文仲等十二人奉宋太宗之命编纂。开始于太平兴国二年（977），次年（978）完成。因成书于宋太平兴国年间，和《太平御览》同时编纂，所以叫作《太平广记》。《太平广记》中记载有王羲之的故事，如：

小人乱真的故事。《太平广记》记载："羲之曾自书表与穆帝，专精任意。帝乃令索纸色类，长短阔狭，与王表相似。使张翼写效，一毫不异，乃题后答之。羲之初不觉，后更相看，乃叹曰：'小人乱真乃尔。'"说王羲之曾亲自书一表上奏晋穆帝，笔墨酣畅，书随人意。晋穆帝看到这份表后，开了一个玩笑：命人找到同样颜色式样的纸，长短宽窄裁成跟王羲之的书表一样，让张翼效仿王羲之的书体再写一份表，穆帝自己在奏表之后批答。驿使送到会稽，王羲之开始没发现什么，后反复地看，才感叹说："哪个无名小卒仿我写的字呀，简直到了以假乱真的地步啦。"

王羲之书报门生的故事。《太平广记》记载："（王羲之）尝诣一门生家，设佳馔，供亿甚盛。感之，欲以书相报，见有一新榧床几，至滑净，乃书之，草正相半。门生送王归郡，还家，其父已刮尽。生失书，惊懊累日。"有一次，王羲之到他的一个门生家去。门生摆上一桌丰盛的酒菜宴请他，很让他感动。王羲之想为这位门生留几个字来表示感谢，看见地上放着一只新做的榧木小几，表面刨得光滑锃亮。于是，他便在这只小几上题写了几个字，草书、正楷各相一半。写完了，王羲之告辞归去。这个门生送他回到郡里，待到返回自己家中时，发现他父亲已经将题字都刨去了，一个字也没留下。事情过去好多天了，这位门生还懊恼不已。

15. 北宋曾巩《墨池记》

曾巩（1019—1083），字子固，南丰（今江西省南丰县）人，后居临川，北宋散文家、史学家、政治家。《墨池记》是北宋散文家曾巩的代表作品。文章从记叙墨池遗迹入手，紧密联系王羲之苦练书法的故事，着重阐明勤学苦练出才能的道理，勉励人们刻苦学习，提高道德修养，这就使得这篇短文超出了记叙古迹的范畴，成为一篇寓意深长的"劝学篇"。

该书记载了王羲之池水尽墨的故事。曾巩《墨池记》记载："临川之城东，有地隐然而高，以临于溪，曰新城。新城之上有池洼然而方以长，曰王羲之之墨池者，荀伯子《临川记》云也。羲之尝慕张芝'临池学书，池水尽黑'，此为其故迹，岂信然邪？……墨池之上，今为州学舍。教授王君盛恐其不章也，书'晋王右军墨池'之六字，于楹间以揭之。"说临川郡城的东面,有块突起的高地,下临溪水,名叫新城。新城上面,有一口低洼的长方形水池,称为王羲之墨池,这是南朝宋人荀伯子在《临川记》里所记述的。王羲之曾经仰慕东汉书法家张芝,在池边练习书法,池水都因而变黑了,这就是他的故迹,难道真的是这回事吗? ……墨池旁边现在是抚州州学的校舍,王盛教授怕先贤事迹湮没,就写了"晋王右军墨池"六个大字,悬挂标在门前两柱之间。

16. 北宋朱长文《墨池编》

《墨池编》,北宋朱长文编辑的书法理论总集,是研究古代书学的重要参考资料。朱长文,字伯原,号潜溪隐夫,吴县(今江苏省苏州市)人,曾官太学博士、秘书省正字,另著有《吴郡图经续记》《乐圃余稿》等。《墨池编》二十卷,分八类,收集古代书法理论资料相当丰富,是继唐代张彦远《法书要录》之后一部重要的书法理论总集。

该书记载了王羲之兰亭题柱的故事。朱长文《墨池编》记载:"龙爪篆者,晋右将军王羲之曾游天台,还至会稽,值风月清照,夕止兰亭,吟咏之末,题柱作一'飞'字,有龙爪之形焉,遂称龙爪书。其势,若龙蹙虎振,拔剑张弩。"一次,王右军游天台山归来,回到会稽,正好风清月明,那天晚上就留在了兰亭。一阵吟咏之后,右军信手取笔,在柱子上题了一个"飞"字,形似飞龙之爪,势若龙蹙虎振、拔剑张弩。这，就是右军独创的一种篆书体——龙爪书。

17. 北宋沈括《梦溪笔谈》

《梦溪笔谈》，北宋科学家、政治家沈括（1031—1095）撰，是一部涉及古代中国自然科学、工艺技术及社会历史现象的综合性笔记体著作。《梦溪笔谈》一共分三十卷，其中《笔谈》二十六卷，《补笔谈》三卷，《续笔谈》一卷。全书有十七目，凡六百零九条。内容涉及天文、数学、物理、化学、生物等各个门类学科，其价值非凡。书中的自然科学部分，总结了中国古代、特别是北宋时期的科学成就。社会历史方面，对北宋统治集团的腐朽有所暴露，对西北和北方的军事利害、典制礼仪的演变，旧赋役制度的弊害，都有较为翔实的记载。《梦溪笔谈》具有世界性影响。日本早在19世纪中期就排印这部名著，20世纪，法、德、英、美、意等国家都有学者对《梦溪笔谈》进行系统而又深入的研究，而在这之前，早有英语、法语、意大利语、德语等各种语言的翻译本。英国科学史家李约瑟评价其为中国科学史上的里程碑。

该书记载了鹅为右军的故事。《梦溪笔谈》记载："吴人多谓梅子为'曹公'，以其尝望梅止渴也；又谓鹅为'右军'，以其好养鹅也。有一士人遗人醋梅与炰鹅，作书云：'醋浸曹公一瓻瓮，汤炰右军两只，聊备一馔。'"说江浙一带之人，多称杏梅为"曹公"，因曹操曾有望梅止渴之故；又称鹅为"右军"，因王右军喜欢养鹅之故。

有一读书人送醋梅与炣鹅，写信说："醋浸曹公一髭瓮，汤炣右军两只，聊备一馔。'"

18. 南宋施宿《嘉泰会稽志》

《嘉泰会稽志》，南宋地方志，施宿等撰，诗人陆游父子曾参与修订，陆游并为之序。嘉泰元年（1201）成书。会稽，南宋为绍兴府，治所在今浙江绍兴。全书二十卷，共分细目一百一十七，以类相从，叙述简赅，详细记叙姓氏、送迎、古第宅、古器物、求遗书、藏书等条，皆他志所不详，而此志搜采辑比，条理井然。后张淏又有《宝庆会稽续志》。《嘉泰会稽志》记载有王羲之的故事。

王羲之曹娥庙碑的故事。《嘉泰会稽志》卷六记载："曹娥庙在县东七十二里。娥，上虞人，父盱，能弦歌，为巫祝。汉安二年五月五日，于县江溯涛波迎神溺死。尸不得，娥年十四，缘江号泣，昼夜不绝，旬有七日，遂投江而死。元嘉元年，县长度尚改葬于江南道旁，为立碑焉。墓今在庙之左，碑有晋右将军王逸少所书小字，新安吴茂先师中尝刻于庙中，今为好事者持去。"会稽郡上虞县出过一位孝女叫曹娥。汉安二年五月五日，其父为巫祝，于波涛之上迎神，不幸溺亡。尸体找不到，十四岁的曹娥沿江号泣，昼夜不绝，旬有七日，遂投江而死。升平二年，王右军从山阴迁居剡县，路过上虞，深为这一事迹而感动，认为当表彰以淳风俗，就写了一篇孝女曹娥碑记。时到南宋，曾任岳飞参谋的徽州人吴茂先，将右军的碑文刻在曹娥庙中，后被好事者弄走了。

王羲之书扇济贫的故事。《嘉泰会稽志》卷九记载："（蕺山）晋王右军之故居也。案，《羲之传》：尝在蕺山见一老姥，持六角竹扇买之。羲之书其扇各五字。姥初有愠色，因谓姥曰：'但言是王右军书，以求百钱。'姥如其言，人竞买之。他日，姥又持扇来，羲之笑而不答。今山下有题扇桥、墨池、鹅池、戒珠寺，寺有右军祠堂。"所记与《晋书·王羲之传》略同。卷十一记载："题扇桥，在蕺山下。王右军为老妪题六角竹扇，人竞买之。"

[叁]王羲之传说的相关遗迹

王羲之生于琅琊，长于建康，守会稽，辞官后长期居于会稽，死后葬于会稽郡剡县金庭。三地均建有纪念性建筑，对存留遗迹则妥为修缮、保护，以供瞻仰。

1.临沂市王羲之故居

据《晋书》及《世说新语》记载，琅琊王氏于永嘉年间全族陆续南渡长江，随司马睿居建邺。其在琅琊开阳（今临沂市兰山区）的王氏故宅，有舍宅为寺之说。

金代的《沂州普照寺碑》记载："（普照寺）当子城之西南，有古台岿然出于城隅。台之西复有废池，流潦潴焉。耆旧相传，台曰晒书，池曰择笔，其地盖东晋右军王羲之逸少故宅也。昔晋祚缺，元帝渡河，临沂诸王，去宅南迁，乃舍宅为梵寺。世祀绵邈，真伪莫考。往岁尝得断碑于土中，字虽漫灭，尚仿佛可读。"下面历数此寺自北魏至唐、宋、金的变迁及金皇统年间重修的经过。明代王世贞在《弇州山人四部稿》中对此有不同看法，他说："第云寺故右军王羲之舍宅者，妄。右军渡江时未十岁，当是淮南公（淮南内史王旷）舍耳。"无论王羲之舍宅还是王旷舍宅，王羲之幼年曾一度居于此地是无疑的。

为纪念王羲之，后人曾在普照寺和洗砚池之间建右军祠。祠堂内立王羲之坐像，两边各立一童子，左抱文房四宝，右抱白鹅。祠院内立龙凤碑。清乾隆二十四年（1759），知州李希贤在右军祠内设立琅琊书院。抗日战争期间，日军侵占临沂，古建筑被破坏，古文物遭洗劫。

1982年始，政府拨款对王羲之故居进行分期整修。现故居四周青墙环绕，大门南向，前出檐，立明柱四根，门上悬挂启功题"王羲之故居"匾额。入门向北，即为洗砚池。池东西两侧狭窄处各有一石桥横跨。池北临岸修砚碑亭，亭内立"晋王右军洗砚处""洗砚池"石碑，字迹古朴苍劲。亭东临池建晋墨斋，内列文房四宝、书、画等。亭西，池中建留香亭，水上曲桥回旋，衔亭接岸。池西，回廊环绕，长百余米，廊壁嵌石碑五十余通，系国内部分著名书法家为故居重建时所题。砚碑亭北筑大理石台，台上立"晒书台"石碑。台北部建有书院，内列王羲之书法碑帖、石刻及国内书法名家精品等。

2. 南京市乌衣巷、桃叶渡

王氏举族随司马睿渡江后，与陈郡谢氏同住乌衣巷。乌衣巷本为孙吴时兵营，占地甚广，不仅王谢两大族在此居住，《晋书·纪瞻传》："（瞻）厚自奉养，立宅于乌衣巷，馆宇崇丽，园池竹木，有足赏玩焉。"后来，王氏族中人口众多，一部分移居马番里，讹为马粪里。至齐、梁之世，马粪王地位高出乌衣王。故刘禹锡有"乌衣巷口夕阳斜"之诗，而《桃花扇·余韵》仍称"乌衣冠裳旧谢王"。乌衣巷在今南京市秦淮河附近，早已失去原来面貌。1997年初，重修王谢遗迹，巷口有自右向左横书"王谢古居"。

桃叶渡是王献之送桃叶渡江的地方，这是见证王献之与桃叶爱情故事的地方。其故址今日已不见清波浩渺的水面，只有一竖碑，上题"桃叶渡"。

3. 绍兴市兰亭、书圣故里、戒珠寺、题扇桥

永和九年，王羲之等人在山阴县的兰亭修禊，并且写下了《兰亭集序》。唐代以后，历代书法家推崇《兰亭集序》，兰亭由此知名度极高。兰亭历经数代，屡废屡建。今天的兰亭建于明嘉靖二十七年（1548），位于今绍兴市西南13千米的兰渚山下，据说因为废兰渚湖，已距原址约1千米，但是仍然依山傍水，竹木参差。20世纪80年代经全面整修后，建筑群分兰亭与右军祠两个部分。西部为兰亭，有鹅池、曲水流觞亭。亭西有"兰亭"碑亭，亭后有1983年重建的御碑亭，内立康

熙皇帝手书《兰亭集序》，碑阴刻乾隆皇帝书《兰亭纪事》诗。东部为右军祠，内有右军像、墨池、墨华亭。两侧壁廊上嵌唐宋以来名家摹写《兰亭集序》。自1985年始，每年一届的书法节即在此地举行。

书圣故里是目前绍兴市区历史风貌保存最完整的历史街区，荟萃着影响中华文化进程的绍兴名士"书圣"王羲之和"学界泰斗"蔡元培的故里，也是刘宗周、黄宗羲等历代名士的讲学圣地。绍兴书圣故里位于蕺山南麓大片古民居之中，东起中兴路，西临解放路，北至环城北路，南到胜利路，总面积约0.8平方千米。景区布局为前街后河，有众多名胜古迹，如笔飞弄的蔡元培故居、西街的戒珠寺、蕺山街的题扇桥、萧山街的探花台门等。里弄小巷、小桥流水、粉墙

兰亭

御碑亭

曲水流觞

王右军祠

黛瓦、青石板路、庭院深深，让社区充满了浓郁的江南水文化、桥文化、酒文化、街市文化，成为绍兴历史文化古城的缩影。

　　戒珠寺在绍兴市蕺山南麓，或称右军别业。戒珠寺依蕺山临西街，为城中八大名寺之一。建寺前，是王羲之的住宅，后王羲之弃宅为寺。初名"昌安寺"。到唐大中六年（852）起开始叫"戒珠寺"，意思是"戒律洁白，犹如珠玉"。咸通三年（862）衢州刺史赵磷直书"戒珠讲寺"额，今存。王羲之为什么舍宅为寺，这里有一段传说。王生前最喜欢鹅和珍珠。一天他在家里玩赏一颗宝珠时，一位僧人前来造访。王随手将珠子放在桌案上招待客人。这时又有一个朋友来访，王请僧人在屋内稍候，自己出去会那个人。王回来时发现桌子

书圣故里

戒珠讲寺

墨池

上的珠子不见了，便怀疑僧人拿了。虽不便明言，但脸上流露鄙夷之色。僧人深感委屈，却有口难辩，回去后郁闷而死。几天后，王羲之家的大白鹅也死了，剖腹一看原来是鹅吞下了珠子。王心中悔恨交加，从此戒掉赏珠子的习惯，并舍宅为寺。最早记载此事的为南宋《嘉泰会稽志》："戒珠寺在府城东北六里四十七步，蕺山之南，本晋右军王羲之故宅，或曰别业也。"据南宋宝庆《会稽续志》，"（戒珠寺）初名昌安，大中六年改戒珠"。得名的来历，系用佛教术语，比喻寺中僧人戒律清白，犹如珠玉。南宋理学家、诗人朱熹有《游戒珠寺悼王右军宅》诗："因山盛起浮屠舍，遗像仍留内史祠。笔冢近应为塔冢，墨池今已化莲池。书楼观在人随远，兰渚亭存世几移。数纸黄庭谁不重，退之犹笑博鹅时。"此寺亦几经兴废。明万历年间建大殿。清康熙五十七年（1718）进行过一次大规模的整修，咸丰、光绪年间重修，1924年又重修。1983年重修山门、大殿和墨池。

题扇桥在绍兴市蕺山东侧，传是王羲之为老妪题扇处。传说王羲之辞官后，住在蕺山下。一天，见一位老婆婆在蕺山下卖六角竹扇，所售无几，便取笔在每把扇上写下五字。老婆婆见弄污了扇子，不太高兴。王羲之就对她说："但言王右军书字，索一百。"结果，竹扇立刻卖光。老婆婆便又拿了一些竹扇，在一座桥边等王羲之题字。王羲之只好绕行一狭长弄堂。今仍存躲婆弄。

题扇桥

躲婆弄

4. 嵊州王羲之故居与墓

《金庭王氏族谱》载，王羲之"（弃官后……遍游东中诸部）入剡（今嵊州），经金庭，见五老、香炉、卓剑、放鹤诸峰，以为奇丽幽纱，隔绝世尘，眷恋不能已，遂筑馆居焉。从之者夫人郗氏、乳母毕氏、中子操之"。

嵊州王羲之故居，在金庭镇金庭山麓，原为王羲之与夫人郗氏、子操之故宅。后王羲之五世孙王衡遵照始祖右军遗愿，舍宅为观，在旧宅创建山门、天王殿、大殿、后殿四进，初名金真观，南朝齐永元三年（501），改名金庭观。金庭旧有金庭观、雪溪道院、右军祠、书楼、墨池、鹅池等，现均无遗存。今金庭镇华堂村有王氏宗祠。

金庭华堂古村

华堂王氏宗祠

书法节活动

　　王羲之墓，据宋高似孙撰《剡录》记载，墓在县东五十里的孝嘉乡（今嵊州金庭镇）。现墓地入口处有石坊一座，上刻"晋王右军墓道"六字，为清道光二十九年（1849）王氏裔孙秀清重立。穿过石坊，有宽5米的墓道200米，层层升高。右军墓坐北朝南，呈圆形，由条石叠砌。墓前有碑亭，内立2米高的墓碑，上书："晋王右军墓。"碑阴刻："大明弘治十五年三月二十五日吉旦，浙江等处承宣布政使司右参议吴重立。"

王羲之墓碑

二、王羲之传说的内容

王羲之传说历史悠久，流传地域广泛，流播方式多样，特色鲜明，全方位展现了王羲之的聪明机智、爱国亲民、清真风流、蔑视权贵等品性，它植根于民间，流传于民间，具有浓郁的地域特色和乡土气息。

二、王羲之传说的内容

　　王羲之传说历史悠久，流传地域广泛，流播方式多样，特色鲜明，全方位展现了王羲之的聪明机智、爱国亲民、清真风流、蔑视权贵等品性，它植根于民间，流传于民间，具有浓郁的地域特色和乡土气息。

　　流传至今的"王羲之传说"，内容丰富，篇目繁多，主要有以下几个方面：学书作书类，清真风流类，钟情山水类，爱国亲民类，蔑视权贵类等，其中有许多故事还是一些成语、典故的出典。

[壹]学书作书类

　　以王羲之学习书法、创作书法为背景。代表性传说有：《墨池》《入木三分》《只这一点像羲之》《〈乐毅论〉墨迹》《金玉其声》《"永"垂千古》等。

墨池

　　提起东晋的王羲之，哪个不晓得他是我国一位大名鼎鼎的书法家呢？人们无限敬仰他，都称他为"书圣"。

　　王羲之从小就喜爱写字，而且异常勤奋。他七岁时，就跟名书法家卫夫人习字，颇能集中心力，顽强坚毅，勤学苦练，日有长进。不到五年，他写的字已是笔力沉劲、顿挫生姿的了。卫夫人见着，不禁赞叹道：

"这孩子的书法，将来必定有很深的造诣，比我还要有名的呵！"

王羲之家里藏有很多前人有关书法的论述，王羲之十二岁时就拿出来读。一天，他正在读《笔论》，他的父亲见了，说道：

"儿呵，你的年纪还小，读这样一些书还嫌早哩！"

王羲之回答道：

"不呵，爸。学习是不能等待的，就像走路，必须天天走，才能够不断上进。小时不学，老来懊悔就迟了。"

王羲之的父亲听了很以为是，就亲自

《卫夫人传书法》

指点他读。就这样，王羲之懂得了书法，他的字写得就更好了，进步就更快了。

后来，王羲之渡江北上，游历了许多名山大川，见到我国不少大书法家的手迹，如李斯、蔡邕、钟繇、张芝、张昶等碑帖墨迹，真入迷了。他心摹手追，都一笔一笔精细地临摹过，把每家字的特点弄清楚，长处学到手。他没日没夜地练字，苦苦下功夫，连他家旁边的池塘里面满盈盈的碧清碧清水，都因为他洗砚、洗笔，被染得乌黑沉沉的了，直到今天，人们还称这地方为"洗砚池"，也有叫它"墨池"的。后来人又在兰亭的墨池中间盖上一座精巧的、四角方方的小亭子，里面还挂上一块"墨华亭"的小横匾哩！

王羲之每到一个地方，都要不停顿地练字，这样一来，他留下的"墨池"有四五处，江西新城山上有，天台山华顶上有……在浙江温州也有一个"墨池坊"，是王羲之任永嘉郡守时练字的地方。

（陈玮君）

入木三分

王羲之写的字起先并不算最好，没有超过当时的著名书法家。到五十三岁了，他还认真临摹古人碑帖，不怕自己已年老，没日没夜地刻苦勤练，甚至于走在路上，坐在椅上，还揣摩着名家书帖的架势，手指也不停地在身上画着字形，时间一久，连自己的衣襟都划破了。

一次都上床睡觉了，他还用手临空画字呢，不知不觉地竟画到他的妻子身上，他的妻子气道：

"你怎么老在人家身上画呢？自家体，没啦！"

王羲之听到"自家体"这话，忽然悟及应该创造自己的书体。从此以后，他翻读碑帖手迹，糅合各家之长，得千变万化之神，再加勤练，果然自成一体。后来，就成为我国著名的大书法家了。

正因为王羲之不停顿地勤苦练字，因而腕力劲足，笔力遒劲，写出来的字，真能够力透纸背哩。

有一次，王羲之去看望一个朋友，碰巧这位友人不在家。于是，王羲之进了书房，看到一张桌子，台面光滑如镜，洁白如纸，书案上还有一砚新墨，于是王羲之信手拿来一支毛笔，蘸了墨在桌面上疾书挥写，不一会字迹满桌，王羲之便搁笔归去。门生的父亲回到家中看到台面上墨迹斑斑，火冒三丈，便责问木工谁敢如此放肆，木工只好照直说来。门生的父亲令木工将台面刨去一层，结果刨掉了三分还清晰地看到字迹。因此，后人称王羲之的字"入木三分"，用来形容书法笔力遒劲雄健，功夫深呵！

（陈玮君）

只这一点像羲之

一次，王羲之吃饭时，用筷子在桌上画字，不料把酒杯撞翻了，他就用手指头蘸着酒写字，饭都忘了吃啦。他的第七个小儿子王献之见到哈哈大笑，说爸是个"字疯子"。他妈听见了，说道：

"儿啊，只要功夫深，'泰山顶，高不过脚面儿'，你爸苦苦下功夫，书法一定会胜过古人的呵！"

这时，王献之认为自己的字已经写得很好了，他快活地问道：

"我的字再写三年也够好了吧？"

王羲之听了没声响。

妈听了，摇摇头说：

"远哩！"

王献之又问道："五年行了吧？"

妈还摇摇头说："远哩！"

王献之气得跳起来，问道："究竟写多久才

行呀？"

王羲之听到这里，站起来，走到窗口，用手指着院心的大水缸说道：

"你呀，能写完这十八大缸水，字儿才有骨架子，才能站稳腿呢。"

王献之听了心里不服，下决心显点本领给爸看。他跑进书房，拿起笔来，决心打头重来，先练基本功。就天天照着爸爸的字练笔画，只练些横、竖、点、撇、捺。这样足足写了有两年，捧来给他爸看，爸望望没声响。给妈看，妈说道："嗯，有点像铁划了。"

王献之这番再回到书房，天天光练钩。又足足写了两年，捧来给爸看，爸望望没声响。给妈妈看，妈点点头说道："有点像银钩哪！"

第五年，王献之这才开始练字，足足写了一两年，把字都捧出来给爸看。王羲之拿过来翻了一翻，仍然摇头叹气没声响。只是见到字里面有个"大"字，嫌架势上紧下松，于是在下面点了一点，就成为"太"字了。

王献之又把所写的字捧给妈看。他妈把字放在桌子上，一张一张看了三天才看完，最后叹口气道：

"我儿写字两千日，只这一点像羲之。"

王献之走近一看，惊傻啦，原来妈妈指的那一点，就是爸爸在"大"字下面加的那一点呵！

王献之这才感到自己的字不行呵，于是烦闷闷地走出门外，在路上低着头走，心里有点不舒坦。不觉来到城门口，看见有位老婆婆在烙单饼卖。哈，真新奇呢！她烙好一张饼，就用竹筷挑起，从肩头往后面一撂，一下子就撂进背后的竹匾里去了。再一看，哈，那竹匾里一张张单饼叠得齐齐整整，有尺把高哩，王献之看得惊讶极了，问道：

"老婆婆呀老婆婆，你连头都没回过去望一望，这饼儿怎么撂得这样准，堆得这么齐整呵？"

老婆婆听了，笑了一笑，说道：

"没什么，也不过像王羲之写字，熟练罢了。"

王献之一想，对呀，熟能生巧嘛，可不是这样吗？必须勤奋写字，苦练功夫。于是急忙忙跑回家，一头栽进书房里，安心下苦功练字，连书房门也不肯出。

有一次，王羲之来到书房里，悄悄走到王献之身后，猛然间拔他手里的笔杆，没拔动。王羲之大喜，他知道王献之写字有了手劲啦，于是悉心教导他习字，亲笔写了一本《乐毅论》让他临摹。到后来，王献之真的写完了十八大缸水，而且还多呢，于是也成为我国一个著名的书法家。人们把他与王羲之合称为"二王"，称王羲之为"大王"，叫王献之为"小王"。不过"小王"和"大王"写的字，功夫还是有差距的。

一次，王羲之到京城去，临走的时候，在墙上写了几个字。王献之等爸走了以后，连忙把墙上的字擦掉，自己照样写了几个字在原来的地方。自己左看右看，认为很不错了，跟爸的字比一比，像得很哩！

过了一些时候，王羲之从京城回来，又经过这儿，见到墙上写的字，反复仔细地端详了一会儿，叹道：

"咳，我临走那天，酒真喝得太多了，竟写出这样的字来！"

王献之在一旁听到，惊得说不出话来。这样，王献之才不敢骄傲，从此更加努力地老老实实练字了。

（陈玮君）

《乐毅论》墨迹

一次，有个上百岁的老和尚在王羲之书房里，看王羲之书写《乐毅论》，但见他撮管悬臂，运笔如飞，这篇字写得龙腾虎跃，动静中皆见秀丽，活泼泼地有生气，妙笔啊！不禁失声叹道：

"我九岁时在丹阳寺庙里落发为僧，混混沌沌，过了半百；年届花甲，始识世；逾古稀之年，才知人知命，到耄耋庶几忘情矣，不想今已年过期颐，见右军字，复生欢喜情。"

王羲之听这么讲，叹道：

"我写字，冶情适意而已，不欲人喜誉憎毁，今使大和尚忘情，乃我之过。"

老和尚连忙合十道：

"右军言重了。我们出家人，已心性清净，所苦消除，对右军宝墨，也是得失随缘，心无增减的了。"

王羲之摆摆手道：

"这是不可能的。上个月，我听说有老人养一头鹅，丹顶玉身，鸣声高亢，激昂如壮士歌。我多次托人向他买。老人说，自己孤苦，以此鹅为伴，虽贫寒，也不愿卖。我就去看。到这老人家里，见桌上放有一壶酒、一盘肉，老人乐呵呵地请我坐，我要先看鹅，老人摇摇头说：'不用看了。我听说右军爱这鹅，今已亲手杀掉，烧好，恭候右军下酒了。'我为此郁郁不乐了好几天，就因我太爱这鹅，反而促使鹅早死。因而知道哀乐均足伤人，怎敢用这几个字，遗忧于老和尚呢？”

老和尚知道得不到这字，坐一坐就走了。

王羲之到内室拿来一只红木的小盒，约一尺见方，从里面取出一块叠着的丝巾，把王献之唤来，叫他认认这是什么。

王献之把丝巾拉开，是一整幅，叠的地方，了无印痕。仔细一看，这巾光洁如绢，比纨细腻，比练还白，比纺略厚一些，比绸却硬得多……真不知道是什么东西，木痴痴地看着发愣，王羲之笑道：

“这是蚕茧纸啊，十分名贵，世无多见，虽有白金也无处购得。我在京城写祝版时，皇上甚喜，赏赐给我两张。”

王献之听说这样，才深深地吸了一口气道：

“难怪我没见过呢，这是写字用的吗？”

王羲之点点头道：

“是写字用的，我珍惜多年，舍不得用。今见你握笔腕力足，才拿出蚕茧纸，你用这把我写的《乐毅论》临写一次。”

王献之听说大喜，抱了字和纸，回到书房里，铺好纸，磨浓墨，蘸饱笔，看着这篇《乐毅论》字，正想临

摹，但是见到了这张珍贵的蚕茧纸，又不敢轻易落笔。就反复端详起爸的字迹来。渐渐发觉这篇字如蓝天中掠过淡云，无不舒卷自如，字迹前后似碧水倾泻，不见有断续的地方。自己临写，真不晓得如何起笔，到什么地方才能收笔了。

王献之呆住了。天天铺好纸，磨浓墨，蘸饱笔，看着爸的字，就是不敢临写，这样过了一个月。渐渐发觉爸的字，个个都写得宽狭短长，肥瘦疏密，各具其态，一笔一笔，无不尽妙入神，真不晓得学哪一笔好啊。

王献之爱字惜纸，越看这字越好，越看这纸越珍贵，天天磨墨蘸笔，就是不敢临写。时常揣摩这篇字的布局结构，每个字的提按使转，一天一天默记着，深深地印在心里。有时就用手指在桌上写，走路时在身上画，睡觉时在被上描……有人说王献之惜墨如金，不肯随便落笔，怎知道王献之这样一来，才逐渐领悟到运笔存筋藏锋，写字时减迹隐端等许多书法上的道理呵。

这样足足过了三个月。王羲之到书房里一看，王献之竟一笔也没写呢！知道他这样揣摩，就十分高兴地说：

"你临写字帖，已能形似。今天这样用心，一定可以传神了。"

于是叫他写字前，要对纸凝神构思，想好全篇布局，再握管，勇猛精进，纵横收放，不可停伫，务必一气呵成，于整体中求得字字遒丽健秀，才能见书法精神。这一来，王献之果然把《乐毅论》临得笔势精妙，备尽楷则，成为神品。人们都说，王献之临过《乐毅论》，得书法要诀，终成一家，这是很有道理的呵。后来专擅朝政、横霸一世的桓温，拿出一把极为精致的扇子，叫王献之题字。王献之一落笔就写错了位置，观者无不骇然变色。王献之却不慌不忙，就势涂成乌犇牛，还题了《犇牛赋》，成为当时人们敬重的双绝珍品，这就是因为他得到王羲之真传的缘故啊！

王羲之写的《乐毅论》本，几经转折，流入禁中。贞观十三年（639），唐太宗叫弘文馆冯承素临摹了好多本。到唐中宗时，又流入民间。藏主十分珍惜，后终被抄查。没想到有位老婆婆在抄查物件中，竟把这本墨宝偷回家，即时被衙役发觉，跟踪追寻。那老婆婆几乎吓死了，就把这《乐毅论》本塞入灶膛，烧毁了。

（陈玮君）

金玉其声

一次，王羲之因事写了一份奏折呈给皇帝，没多久，皇帝批复下来，王羲之看了一看以后，说道：

"七郎，你把这奏折交给你妈收起来。"

王献之走进房里，把奏折交给妈。他妈拿着奏折，反复看了好久，笑道：

"这玉玺是真的，御批也是真的，可是你爸的奏折已经不是原来墨迹了。"

王献之拿过奏折仔细看了好久，说道：

"妈，你错啦，这是爸写的字，我前些日子，还亲眼看见爸写的哩！"

他妈听了，笑笑，就走到床后面，打开一只箱子。王献之走近去一看，哎哟哟，真吓了一跳，原来里面尽是一些字块儿，一张一张，装得满囤囤的。拿起来一看，都是"钱"字，呆住了，叹道：

"咳，我写字真不行啊，没想到爸一个字就写成千上万遍，这么满满一大箱子，难怪他的字写得神妙啊！"

他妈摇摇头，说道：

"不是的，这是我写的呢。

"以前，在蕺山旁边有一个老人挎只篮子卖蛋，没想蛋被衙役抢去了，急得老人'呜呜'直哭。你爸经过那儿，很怜悯老人，一摸身上没带钱，于是到店家借来纸笔，写了一张二十文钱的纸条交给老人，叫他到王右军家里去拿二十文钱。

"老人接过纸条，没想失手，滑落了，忽然听见地上有铜钱声响，找找，没钱呵，惊异极啦！于是拿起纸条再向地上丢，又听见了铜钱声音。妙啊！于是一试再试，招引来许多人围拢着看。有人见是你爸的字，就用一两银子买走了。

"没多久，老人来了。我听你爸关照过这事，就拿出二十文钱给他，可是老人不肯要。我问他嫌少吗？老人摇摇头说：'不不不，蛋儿文钱只，我仅十二只蛋儿，即便十文钱也满足了。我不要钱，还请右军给我写个钱字吧。'一问，方知有这等事。我告诉老人，右军忙哩，没工夫写字，就多给他几文钱，劝老人走了。

"我很奇怪，就在你爸写的字中找个'钱'字，向地上一掷，果然发出铜钱的声响来。于是，我关门用心学这'钱'字，学了三年，学得很像很像。你爸见了有时也分辨不出来。只是向地上丢丢，始终发不出声响来。我心里这才明白：学你爸的字，纵然能得其形，也没法传其神

的啊。你爸写出的字，观其形生辉，见其力透纸，即便同样纸张，同样字，拿起你爸写的，分量也比别人的重些。这个奏折上的字，没有光辉，怎能是真的呢？"

王献之听后，再看看奏折，也发觉到一点了，又拿给爸看。王羲之仔细地端详了一会儿，叹道：

"真想不到，我也被蒙哄住了。"

王献之回到房里，找出爸的字，凡是有金旁、玉旁的，掷在地上，都能发出声响来，真是"金玉其声"啊！

这一来，王献之又一次感到自己写字的功夫没下足，于是躲进楼上，苦练三年，连楼梯都没有下来过。

（陈玮君）

"永"垂千古

王羲之晚年住在剡县（今浙江嵊州市）金庭山的山脚下，常常到山前的瀑布下面写字，他不愿把字留给人家，每写满一张纸，就沉入瀑布下面的碧水潭中。

有一天，王献之在会稽鉴湖边碰见一位老道，交给他一封信说：

"有急事呢，速报右军！"

说罢，老道就匆匆忙忙走了。王献之也不晓得是什么事，怕耽误了，于是日夜赶到金庭山家中，呈上书信。王羲之拆开一看，只见上面写道：

"端午过五，趁鸟归府。"

王羲之见了大喜，掉过头来问道：

"今天是几月几日了？"

王献之回答道：

"五月初十。"

王羲之点了一点头，说道：

"正是时候了。你来到这儿，曾看见附近有什么鸟吗？"

王献之说道：

"今天风静日暖，水碧山青，草木寂然，仅仅听见碧水潭中那只白鹅'嘎嘎'大叫，除此以外，没看见有什么鸟。"

王羲之听说，哈哈大笑道：

"鹅，我鸟也。你且领我看去。"

王羲之来到碧水潭，一眼看见那头红蹼火眼的大白鹅正伏在潭边，他走上前去，坐上鹅背，奇怪，鹅不见大，人不见小，一坐上去，正好。只见那头大白鹅慢慢落进潭里，向瀑布游去，到瀑布下，张开两只翅膀，顺着瀑

布徐徐上飞，到最高处，就离水升向蓝空，这时王献之才
觉悟到爸要升天去了。于是紧忙大声喊道：

"爸飞升去，留些什么给我们呵？"

《永垂千古》

只听见王羲之回
答道：

"留汝一滴水，
得之垂千古。"

于是他就骑鹅
飞去，冉冉进入白云
里，不见了。

王献之直到望
不见爸了，还呆呆地
立在潭边，在想"一
滴水"是什么呢？天
都快黑了，仍然想不
出来。于是顺着潭水
流出的小溪往回走，
突然看见溪边有零零
碎碎的纸片，仔细一
看，是爸写字的纸

呵。只是纸被水泡过，上面的墨迹都褪了，可是却有一个个"永"字留着。一连找到八个"永"字。多怪呵，这"永"字墨迹为什么不褪掉呢？望着"永"字，王献之痴痴发呆，好久好久，忽然省悟道："哦，是了是了，一滴水不就是'永'字吗？永，久远也，'万世永赖'，垂千古矣，这'永'字大约是个宝了。"

王献之想到这，心里一喜，忙把"永"字拿回家，朝夕临摹，从此以后，他的字日益长进。到智永和尚时，更加勤习"永"字，并且创立了"永字八法"。实际上"永"字的点为侧，横为勒，直笔为努，挑或钩为趯，策是斜向上短画，掠是左下下撇，啄为右上小撇，磔即波或捺。细分之，略有不同：如竖有直或直画，努则说明不宜直，因笔直无力。永字寓有用笔八法，能写好永字，其他字也就容易写好了。智永取名，也寓有"得永字而益增智慧"之意。

至此永字成为习字人用笔必练之字，因为永字具八法之势，能通一切字，真的永垂千古，流传万世了。今天纪念人死，也用"永垂千古"，含有缅怀死者德重才高，后人当永记不忘之意，把原词的意思又引申了。

（陈玮君）

[贰]清真风流类

反映王羲之寄情高远、风流洒脱的言行。代表性传说有：《醉写〈兰亭序〉》《千里送鹅毛》《鹅碑》等。

醉写《兰亭序》

东晋永和九年（353）的三月初三，时任右军将军、会稽内史的王羲之邀集四十二位名流，会于会稽山阴的兰亭，修禊解厄，共商国是。

按照禊礼，众人列坐曲水旁，羽觞放流，停在哪人面前，哪人就得作诗一首，否则罚酒三杯。最后，所作的诗汇成册，王羲之酒意正浓，欣而作序，这就是名噪天下的《兰亭集序》。

翌日，王羲之酒醒后意犹未尽，伏案挥毫在纸上将序文重书一遍，自感不如原文精妙。他有些不相信，一连重书几遍，仍然不得其初。这时他才明白，这篇序文已经是自己一生中的顶峰之作，不可能再超越它了。于是嘱其子孙，作为传家之宝，永世秘藏，千金不易。

（吴大新）

《兰亭修禊》

王羲之与绍兴老酒

东晋时，绍兴用糯米酿的酒叫"山阴甜酒"，酿一缸，吃一缸，不能久存，所以也称"新酒"。

相传永和九年的兰亭会，四十二人中多军中猛士，许多人故意不作诗而欲狂饮。王羲之得知后，以右军将军身份下令：罚也只能罚三杯。他告诫大家："昨天我们拜过禹庙，大禹有遗训——后世必有以酒亡国者。夏桀作酒池，大鼓而牛饮者三千人，终于身死国灭。如今北伐战事危在旦夕，我们不能前方吃紧，后方紧吃啊！"

"那酿了这么多酒怎么办呢？"王羲之手下的操办者着急地说。王羲之不假思索，信口说道："用缸封起来再说，待到北伐胜利，我们开坛痛饮！"众人齐声赞成。

兰亭宴集散后，下人正为封酒一事而犯难，来问王右军夫人。夫人说："我也不知道怎么封，是不是先将新酒烧开，滚一滚再封，兴许能成呢！"于是，下人便照此去做了。

然而，永和九年的北伐，最终却大败而归。这酒放在地窖里，也被人所忘。直到多年后王右军祭祖，下人才想起，试着去开了一坛。这一开不得了，满屋子香气扑鼻，右军缓缓地叹道："酒老了！人也老了！"

这事慢慢地便传开来，乡人如法炮制，"新酒"也渐渐演变为"老酒"。但那个时候不叫"绍兴老酒"，而称"王家老酒"。

（吴大新）

千里送鹅毛

在一个月夜里，王羲之独个儿在山阴道上闲步，走着走着，忽然听见"嘎嘎嘎"的鹅叫。他惊奇极了，这一带人家少呵，哪来鹅呢？

于是王羲之循着鹅声慢慢向前走去，发现前面的一座小土山上，有几株疏疏朗朗的小竹丛，里面有座道观。在道观前面放着一只鹅笼，有一只白玉似的长颈大鹅在笼里叫唤着。王羲之就走上前去看，看着看着，都着迷啦！

看了好大一会儿，王羲之这才想起，咦，怎么这儿没人呀？他抬头一望，看见这道观里面有灯光呢，就慢慢地走了进去。看见在一灯如豆的光亮下，有一个道士在埋头认真地写字呢。王羲之一直走到跟前，老道士才发觉，慌忙站起来，惊讶地问道：

"王右军啊，都夜啦，你怎么有暇光临呀？坐坐坐，请坐请坐！"

王羲之坐了下来，一问，知道老道士正在抄《黄庭经》。只听老道士叹道：

"年老啦，眼睛不济事，写不好哩！"

王羲之见他这样，很同情，就说：

《千里送鹅毛》

"我可以代劳一下吗？"

老道士听到这话，都喜疯啦，连连说道：

"好好好，太好啦，太好啦！"

老道士一面不停声地叫好称谢，一面又紧忙让出座位，倒茶磨墨，两脚不停，乐呵呵地来回走着。

王羲之提起笔，这时才发觉桌上的灯光晶光明亮，桌上的黄绢也极为细腻润滑，很中意，因而兴致更高了，就专心致志地书写起来。一个个字都写出了精神，笔势放纵舒缓，飞动雄媚，真似铁划银钩，秀丽极啦，一口气写好了《黄庭经》，天都快亮了。老道士见了喜得眉飞色舞，搓手咂舌，连声作谢，说道：

"右军今天的书法，真是仙品，人世间是保存不住的呵！"

王羲之笑了一笑，就告别出来。老道士把他送到门外，走过去，打开鹅笼，抱起那头皎洁的大白鹅，递给王羲之说：

"山阴道士今飞去，人间留得《黄庭经》，我就把这只鹅给你，算作酬谢吧！"

王羲之非常高兴，笑了一笑，就欢欢喜喜地抱起大白鹅辞别老道士，朝家里走去。走走想想，走走想想，咦，这老道士说的几句话多怪呵，他怎么会飞去呢？于是回头一看，啊呀呀，什么竹子、道观、鹅笼、道士，都没啦，他心中一惊，手松些，那只鹅用力一挣，就飞入天空去了，原来这是一只天鹅呵！

这时，王羲之再一抬头，看见在天空远远的云朵里，隐隐约约地飘着一个骑在天鹅背上的老道士，向他招手道：

"千里送鹅毛，礼轻情意重，右军再见啦！"

王羲之一看自己的手中只捏着一根鹅毛了。

原来这老道士是仙人变的，赚了王羲之给他写《黄庭经》哩！

从这时起，因为王羲之亲手写了《黄庭经》，这书就一下出了名，传播开来了。可惜后人所见到的摹印本，都不是王羲之的真正手迹，王羲之写的那本《黄庭经》，给仙人带到天上去啦。

（陈玮君）

鹅碑

这一年，王羲之来到新昌的一座大寺庙里，寺里大和尚陪同他前前后后，到处游览一番。

过了两天，王羲之要走了，大和尚一直把他送到山门外面的沙滩上。正要告别，王羲之一抬头，忽然看见碧绿碧绿的溪水上面，缓缓地浮过来一只红嘴赤掌、如雪似玉的大白鹅，王羲之喜得直搓手叫好。大和尚见到这样，就笑着说道：

"右军如果喜欢这鹅，就送给你吧。"

于是他就叫来正在庙前扫落叶的小和尚，把大白鹅引过来，自己走上前去，轻轻地抱起来，要给王羲之。王羲之见到这样，笑了一笑，说道：

"哎哟哟，哎哟哟，无功不受禄哩，我拿什么回报给你呀？"

王羲之一摸身边，偏偏什么都没有。脚一跺，叹口气，有点为难了。不料这一跺脚，在沙滩上面却留下了一个深深的脚印。王羲之见到，愣一下，忙又笑道：

"有啦有啦，我就写个字在这儿留作纪念吧！"

说着，王羲之就从小和尚手里拿过扫帚，在沙滩上用力一扫，"唰唰唰唰"写出了一个大大的"鹅"字来。惹得大和尚也哈哈大笑不止。

大和尚送走王羲之以后，再回到这里，看看，哎哟哟，发觉这个"鹅"字，一笔写成，不但纵如龙游，横似凤舞，而且笔力雄健，意态秀拔，喜爱极啦！忙叫小和尚拿了一些薄薄透明的纸来，伏在地上，把纸蒙在字上，然后用笔把字精细地勾描下来，再填上墨，挂在房里，愈看愈喜爱，心里又怕日子一久，会磨损了。于是就请巧匠把这个"鹅"字刻在石碑上，放在床前，天天看着，越看越欢喜。

大和尚死了以后，小和尚就把这块鹅字碑抬到寺院当中竖好。

后来，这块鹅碑给一个道士搬到观里去了，到今天，还竖在新昌东门外三十里远的长诏真君殿里哩！

天台山国清寺的和尚，也依这块石碑样子，把"鹅"字拓下，拿回去，刻成碑石竖在寺里，一直到今天还在。

（陈玮君）

[叁]钟情山水类

以王羲之热爱祖国大好河山、陶醉山水风光为主线。代表性传说有：《王羲之游泰山》《王羲之神游百丈岩》《五匹神马救兰亭》等。

王羲之游泰山

王羲之是怎样成为一名大书法家的呢？绍兴民间流传着一个有趣的传说。

王羲之年轻时，有一天他跟朋友去游泰山，到那儿一看，真是山峻色奇，景色迷人。他俩就坐在一块石头上谈起天来。王羲之得意地说："泰山的风光确实很美，就像我的名字一样，闻名天下。"

不料，这话恰巧被正在巡山的泰山神碧霞元君听到，心里很生气。他想："王羲之竟敢在泰山夸口，狂妄至极。我得教训教训他！"就不急不忙地伸出右手的食指，在山腰里画了两座小草房，中间用一道矮墙隔开，接着吐出几口仙气，那房子立刻变得跟真的一模一样。泰山神又同时变成两个老太太，一个擀饼，一个烙饼，在墙的两边忙着干活。

不一会，王羲之跟他的朋友游到了草房前，立刻被两位老太太的表演吸引住了：这边的老太太擀好一个饼，就用小面杖挑起来甩过墙去，"啪嗒"一声，不偏不倚，正好落在平底铁锅上，那边的老太太每烙熟一个饼，就用镘铲把饼挑起来甩过墙来，"啪嗒"一声，稳稳当当，恰好落在圆形盖垫上。王羲之跟他的朋友，感到稀奇极了，瞪着两眼来回看，十来斤面粉都烙完了，没有一点差错。盖垫上叠起几尺高的整整齐齐的大饼。

王羲之叹服之极，就问一位老太太："你们的饼为啥扔得这么巧呀？"

那老太太看了他一眼，话里有话地说："这有什么巧呀？哪比得上人家王羲之呢！人家的字'闻名天下'

哪！"说完，这两位老太太连同草房都不见了。

王羲之听了非常惭愧，后悔自己不该说大话，觉得这是泰山神在有意教训他。从此以后，他练字才加倍地虚心、专心和用心了。

后来王羲之的朋友把这件事讲给别人听，一传十，十传百，很快就流传开了。"王羲之游泰山——自觉惭愧"这句歇后语，也在绍兴民间流传了。

（马元泉）

王羲之神游百丈岩

书圣王羲之到过百丈岩吗？这事说来话长。

晋朝的时候，大书法家王羲之在朝廷做官。因他才华出众，深得皇上喜爱，便难免招致奸佞小人的嫉恨和排挤，在年近五十时被朝廷派到远离京城的古越绍兴任会稽内史。为排遣心中的郁闷，王羲之常常寄情于山水书画，几年内游遍了绍兴一带的山山水水。后来他听好友——新昌沃洲寺的孙绰闲时谈起，说相邻的剡县（今嵊州）王院境内的"百丈岩十景"，有"桃源仙境"之称，便心心念念想去游历一番。

恰逢这年兰亭书会，孙绰等好友又相聚一堂。王羲之兴致勃勃地用鼠须笔、乌丝阑蚕茧纸当场为"兰亭诗集"作序。散会后,经王羲之提议,孙绰、谢安、支遁等几位名士便跟随羲之,骑着马,带着行李,一路跋山涉水向嵊地而来。

行至王院百丈岩来龙山前,王羲之见路边竖着的石坊上刻着"文官下轿武官下马"这八个字,便与大家下马而行,把行李等物暂寄在山下坂头村的客栈里,身上只背了一罐子绍兴老酒,沿着月亮湖畔往里走。

王羲之等人沿着弯弯曲曲的湖畔走啊走,待走到森林边缘,只见古树参天,灌木密布,不见进路。正在找寻之际,一个樵夫挑着一担干柴从林间出来,王羲之忙上前请教。樵夫说:"靠森林边湖畔北走,一里多路,望林中有'伊人

百丈神游图

ISBN972-979-668-8
定价16.00元

楼''望月台'，再朝前走两三里。"说完自去。王羲之
等人道谢之后，照所指方向行走，一路看到森林青翠，修
竹万竿，群禽或飞或走，或叫或跳，心中好不畅快。正想
动兴吟诗，伊人楼到了。只见一鹤发童颜老者正与一青衣
童子在楼内对坐下棋，羲之即上前打问道："多有打扰！
请指百丈岩路径！"老者向北一指道："喏，远山上飘着
白带处便是。"大家顺着他所指的方向看去，只见数里遥
处一座高山上挂下一条细长的瀑布，好似织女散落在空中
的银色飘带，煞是美丽。

王羲之和谢安等人继续前行，忽然被一个湖泊阻
住，只见此湖直通百丈岩龙潭坑，湖岸花树成荫，湖面水
鸟翔集，真个如画中一般。湖面开阔，不可涉渡，正着急
时，对岸树影下悠然划出一张小竹排来，将众人都渡过了
河。待王羲之上岸，转过身来欲道谢时，竹排和撑排人都
已飘然不见。"此境多奇人啊！"羲之感叹道。

渐近小河尽头时，洞壑越来越深，峰峦越来越奇，
林木越来越密。王羲之与好友们开始沿着千米峡谷蜿蜒而
上。当他们大汗淋漓地登上百丈岩峰顶，站在临渊台上四
处眺望时，大家不由被眼前的奇美风光深深地震撼了。

王羲之目不转睛地看啊看啊，越看越觉得百丈岩山

高、崖险、瀑奇、潭幽，不禁脱口赞道："好一个洞天福地、桃源仙境呀！"谢安等人也看呆了，连连叹道："想不到这僻静山野里竟有此般奇境！"说罢，大家纷纷在石壁题字留诗，有题作"幽境"的，有题为"雄险"的，有题为"幽幽谷""五叠泉"的，有题为"天池""龙井"的。相传当时王羲之在飞瀑之侧的百仞绝壁上题写了"百丈飞瀑"几个字，又根据游览时梦境所现在天池一侧绝壁上题写了"玄女临池"四字。当时，长住于百丈岩蟠龙禅寺的方丈见到这些题字，特别是看到当代书圣所赐的墨迹，万般惊喜，即命人将这些题字一一收录，仔细珍藏，并请能工巧匠将王羲之等人的题字题诗按原字凿刻在崖壁上。至今，经过一千六百余年的风雨、阳光的侵蚀，这些刻石多遭磨损、剥蚀，其中百仞绝壁上的"百丈飞瀑"四字因上部老虎岩轰然崩塌而受撞击、摩擦，加之千百年来瀑流的冲刷与浸渍，字迹已模糊难辨。

话说当时王羲之、谢安、孙绰、支遁等人攀藤扶葛走过了深不见底的酒龙潭——底脚龙潭，观赏了逍遥瀑、燕尾瀑、龙门瀑、戏珠瀑和百丈瀑，攀过了云遮雾锁的"惊心石""缘缘桥""汇观亭"，游看了高僧、名士与仙人隐居的蟠龙禅寺和天池，又顺着峡谷栈道下到谷底。

　　他们赏了景、题了字，觉得有些累了，便喝着带来的老酒，枕着松声、水声和鸟声，东倒西歪地靠在潭边石上歇息。忽觉随风飘来缕缕淡淡的醉人香气，王羲之侧脸一看：啊，身旁的岩石缝里，长着一棵七八米高的苦丁茶树，那爬满苍苔的岩壁上几丛吊兰花儿开得正盛。这幽幽的清香原来是从这花草丛中和苦丁树叶上散发出来的！

　　羲之一边惬意地吮吸着这清香，一边从身后取过酒罐子，咕咚咕咚地喝起酒来。这一喝不打紧，由于人走得疲累了，加上这绍兴加饭后劲儿足，不一会儿，王羲之就迷迷糊糊地在潭石上睡着了。朦朦胧胧中，他看见月中嫦娥手捧一壶桂花酒从空中飘然而下，笑盈盈地站在面前，挥动长袖，边歌边舞起来……羲之听着这从未听过的仙曲，看着这人间罕有的动人舞姿，不觉心旷神怡，陶然而醉。恍惚中，嫦娥脉脉地飘然而去，眼前出现了另一奇景：在碧波荡漾的百丈岩天池里，天上下凡的七仙女正在此处沐浴，有的正在池里游水嬉戏，有的正靠在池畔花丛中慵懒地打盹，有的正在天池的水上平台上婀娜起舞……羲之猛然惊醒，回忆刚才梦中情景，不由酒兴大作，诗情大发。不知不觉间，一罐子老酒底朝天了，他又拿过嫦娥所赠的桂花酒大喝起来。哦，好香好醇的酒啊！他喝啊喝啊，怎么也喝不干。他的身子再也支撑不住了，不由醉倒在潭石上，酒液从壶中汩汩地流入石下深潭中。第二天醒来，王羲之闻得身畔飘来缕缕酒香，舀起那潭水一尝，还真有点酒气呢！"真是好水啊！"王羲之不由赞道。他于是突发奇想：用这潭水制酒，定能酿出人间美酒来！从这日起，他即起了在此建庐制酒的念头，心想：自己晚年到此处隐居修禅，修桑植果，酿酒吟诗，真正是妙不可言！

当时正是夏秋之交，山花烂漫，鸟声啁啾，松鼠跳窜，岩鹰盘旋。王羲之等人游了百丈岩后，被当地高僧

桂花亭传说

邀请住进了居高临渊的蟠龙禅寺。羲之为了减少庙里和尚的麻烦，经常与孙绰等人去捕捉那百丈谷岩石下的游鱼游虾，有时跟钓翁渔姑一起去月亮湖畔垂钓，还去采挖百丈岩峡谷和山上的黄精、何首乌和野白术充饥。同时在底脚龙潭边搭起草庐，开始酿酒，又在潭侧大兴土木，建起一寺，称之为桂花寺。

几年后，王羲之弃官归隐剡县金庭瀑布山南麓，因时时想起百丈岩美景，便将凭记忆画就的那张百丈岩形胜图悬挂于厅堂墙上。邻村济渡名士许询（即许玄度）是王羲之的好友，一日晚上又来找羲之下棋论诗。他走进客厅，发觉厅内明光闪闪，亮亮堂堂，心下奇异。定睛一看，只见厅堂墙上悬一画轴，画中那一座座奇峰直插云际，一道道幽谷碧潭荡漾，银瀑飞泻，把个宽畅的客厅映照得如同白昼！他便问画中景致所在何处。当王羲之告知许询画中的景物所在及自己打算再度畅游百丈十景之后，许询十分兴奋，几天后，他邀上谢安、支遁等人随同王羲之按照谋划好的路线，从石璜三溪口入谷，在坂头村月亮湖畔上了凤船，直驶百丈岩龙潭坑，当天便在桂花寺住了下来。

从此之后的一段日子里，王羲之和许询等人在此酿酒品茗，谈经赋诗，习字绘画，采药访石，种桑育茶，怡然自乐。他所兴建的桂花寺，最初位于百丈岩底脚龙潭边崖上。唐宋时期曾易名为"龙潭寺"。明代文学家张岱在此隐居期间曾重修此寺，复更名为桂花寺，并在寺内石碑上刻画羲之酿酒遇仙画图，使之更为著名。可惜的是此寺于1958年"大跃进"时被人为拆毁，至今桂花寺遗迹犹可寻觅。另有王羲之根据游历所写的"百丈十景"诗文及绘图，除若干文字尚可在王氏族谱和地方志等处找到痕迹外，其余都已散失难寻。

　　除了在此建寺酿酒以外，据说王羲之当年还用从百丈岩绝壁上采来的草药治好了许许多多人的病，还把那野白术、野桔梗、野苦丁茶树迁种在苗圃里。说也奇怪，只一夜工夫，那些刚种下的小苗苗便一变二、二变四地长了满园、满山。患病的人吃了，都健壮起来。从此，王院的白术、桔梗和苦丁茶就远近闻名了。

　　当地的人们为了纪念王羲之，便把王羲之用来练字的"七石缸"石潭称为"墨沼"和"王公井"，把王羲之醉卧过的潭石称为"王公榻"，把王羲之用来酿酒的底脚龙潭称为"酒龙潭"，并把王羲之酿酒遇仙的天池称为"玄女临池"。至今，"王羲之酒"在当地仍十分有名，远销各地。

（钱宁儿）

五匹神马救《兰亭》

在绍兴，只要你走街串巷，就会发现有一条名为五马坊的巷坊。说起五马坊，它与王羲之的《兰亭集序》还有一段因缘呢。

相传王羲之在绍兴任右军将军、会稽内史时，他的宅邸坐落在蕺山山脚。有一天晚上，明月皎洁，他正在家中后花园里观花赏景。忽然，眼前出现一片云彩，云彩散去，只见一位鹤发银须的老翁骑在一匹壮健的高头大马上，后面跟着四匹骏马。王羲之一看老翁的神态，料想是神仙下凡，急忙上前拱手，对他行大礼说："仙人至此，下官有失远迎。如有什么差使须我效劳，下官万死不辞。"老翁笑着说："先生盛情，老翁心领了。吾尝闻会稽羲之相公的幼子献之年少好学，准备游历各处，观看书碑，但只凭两脚又怎能踏遍千山万水呢？我今天把五匹坐骑赠送与你，目的是褒奖你们父子俩勤学苦练的精神，跑起路来也可以省些时间，乞望笑纳。"王羲之赶忙作揖行礼："下官父子蒙仙人馈赠，真是三生有幸！今后当更加勤攻书学，方不至于辜负仙人的一片厚望！"老翁爽朗一笑说："老朽区区薄礼，何足挂齿？……"话未说完，转眼间，化作一片五彩祥云，飞逝而去了。

王羲之即刻定神，这到底是梦还是真的事呢？他定睛一看，在花园东首的草地上，果真出现了五匹英俊的高头大马，正在月光下兴奋地刨蹄子。王羲之欣然走去，只见那五匹神马，毛发油亮，高大雄健，真是千里马啊！他越看越喜爱，三脚两步回到房中，唤人牵入马厩，好好照料。

以后，他每次与献之、徽之等子侄外出游历时，总是骑着这五匹马。城中的人，也纷纷传说着王羲之得到神马的奇事。

一天，王羲之骑了神马来到了绍兴兰亭修禊，事后写了《兰亭集序》。由于文章写得好，字更好，当代文人墨客无不为之倾倒。事后，他们都想借王羲之的真迹看看学学，有的还要求借去到书斋勤学苦练。当时，会稽城里一时掀起了临摹《兰亭集序》的热潮。有的借去恭录后，还送一份请王羲之指正。虽然他们临摹的字和王羲之的字非常相近，但是内行人还是看得出，这些字与王羲之相比，无论是笔力、笔法、笔势都相差甚远。但王羲之却谦逊地把学士们临摹的作品，一一贴在墙上，自己学，让子侄也学习，然后小心收藏起来。由于仍然好学不倦，在会稽时羲之、献之父子俩的书法艺术水平，达到了炉火纯青的地步。

却说山阴城西一条小街坊，住着一位血气方刚的少年。他是一个官家子弟，年方十四岁，从小酷爱书法。一年春节，他向王羲之请教学书经验。王羲之为他的诚心感动了，就慷慨地将自己最心爱的《兰亭集序》和别人临摹的作品一并借给了他，并嘱咐他要下苦功夫，努力在各家字帖中取长补短，好生练习。那少年点点头，手捧字帖高高兴兴地回家去了。

不料，有一天，王羲之骑着神马正悠闲自得地在野外游历。突然，他骑的那匹神马暴跳不已，后面献之等骑坐的四匹马跟着暴跳了起来。接着，五匹马一齐回头朝城里小街坊的方向奔驰而去。那五匹神马先是奔，后来几乎是在飞了。它们飞呀飞，飞到这条小巷坊时才四腿点了地。

这时，王羲之才下马看清楚了，原来那少年书生家里不幸遭了火。大火正熊熊燃烧，在野蛮地吞噬着一切，威胁着四邻。王羲之大惊失色，天啊！我那心爱的《兰亭集序》不是借给了这书生吗？这帖子不是在他家里吗？那少年这时刚从家里逃出，也待在一旁发愣，怎么办呢？大家正在忙乱，猛然间，只见王羲之的那匹神马忽然腾空而起，飞到大火燃烧的房屋上空。接着，又突然蹿入火堆，只一转眼，又立即从火堆里蹿了出来，飞回王羲之身边。王羲之定神一瞧，奇怪！只见神马嘴上咬着一本帖子，这正是他那无价珍宝《兰亭集序》哩。紧接着，其余四匹神马也忽然长啸一声，都飞到屋上，用蹄乱蹬了几下，火势顿时被控制住了，又过了片刻，大火就熄灭了。

王羲之的《兰亭集序》终于得救了，但别的人临写的摹本却都化为灰烬了。人们说，《兰亭集序》若无神助，又怎能从火中得救呢？又说，王羲之的神力非凡，但笔力更非凡。否则，《兰亭集序》必然一道化为灰烬了。他真不愧为"书圣"呢！从此，五匹神马救《兰亭》的故事传开了。后来，人们为了纪念王羲之神马救《兰亭》的事，就把神马停过的这条巷坊取名为"五马坊"。

（谢德铣）

[肆]爱民亲民类

反映王羲之个性骨鲠，为人正直，同情劳动人民。代表性传说有：《题扇桥与躲婆弄》《一笔鹅字》《金不换》《画雨》《戒珠讲寺》等。

题扇桥和躲婆弄

在王羲之家门前的蕺山街东边，是一条小河，在这河道上有座石头砌的拱形小桥。

这一天，天气很热。王羲之经过这座桥回家，一眼看见有个头发花白的老婆婆抱着一大捧扇子在桥上叫卖。他走近一看，哦，原来是手工编的六角竹扇，因为制作粗糙，虽然非常便宜，但也没人买。老婆婆站在火辣辣的太阳底下，满面是汗，愁眉苦脸地叫卖着：

"要扇子吗？买把扇子吧！"

王羲之看到这种情

《题扇桥》

景，很怜悯她，就走上前去，问道：

"老婆婆，你这扇子卖几文钱一把呀？"

老婆婆听到有人问价，连忙说道：

"十文钱一把，少几文也卖，你买一把吧！"

王羲之听了没声响，就走到桥旁边一家店里，借来一支笔，就站在桥头上，把扇子一把一把都写上字。老婆婆看见这样，着急道：

"你这人怎么乱涂，我是靠这十多把扇子生活的哩！"

王羲之笑了笑，对她说道：

"老婆婆，这题上字的扇子，要二百文一把，少了你不要卖。"

哪晓得这时桥上已挤满了看热闹的人，大家一看是王羲之题字的扇子，人人争着要，一下就卖光了。

这座桥，后来人们称为"题扇桥"。直到今天，桥上还竖着一块一人多高的"晋王右军题扇桥"的大石碑哩！

那老婆婆的扇卖光了，又多得许多钱，喜极啦。她急急忙忙地赶到家里，又编制了十多把六角扇子来，寻到王羲之家里，请王羲之题字。

王羲之一听说老婆婆找上门来要他题字，忙从边门溜到一条小弄堂里躲着，一直等到老婆婆走了，才回家。那条小弄堂，到今天，人们还亲切地称呼它为"躲婆弄"哩。

（陈玮君）

一笔鹅字

一天，王羲之在家门口见到有个农民抱着一只大白鹅在叫卖，那鹅像玉雕雪堆似的，皎然洁白，昂首高亢，风度翩翩，真叫人喜欢。王羲之大喜，忙把这位农民招呼

独笔鹅

到书房里，问个价，付好钱，把鹅买了下来。回过头来，看看这鹅，越看越喜爱，不禁抓起笔，一口气写出了一个大大的"鹅"字，递给农民说：

"这个鹅字，算是我酬谢你的！"

那农民见了，笑一笑，摇摇头笑道："我是不识字的哩！"

王羲之的妻子听见，走了过来，说道："老人家，你拿这纸到街上叫唤三声：'王羲之，一笔鹅'，准有人能把十两雪花银子给你。"

那农民听了，半信半疑，拿着字，到街上去一嚷唤，果然那字马上给人家买去啦。后来，转来转去，越卖越贵，这"一笔鹅字"也不知道流落到哪儿去了。

（陈玮君）

金不换

一次，王羲之独个儿登上湖州东门外的升山游玩，一直玩到天都快要黑了，在回家的路上，又碰上落雨，还得走十八里路呢，他到湖州都夜啦。王羲之想了一想，去敲友人家门吧，不大好；看看街上的店铺，都关上了门。正愁着哩，忽见街头有家门里还亮出灯火来，他紧忙赶过

去一看，哦，太好了！原来是一家小小的茶店，里面还有三位客人在行令喝酒，闹猛着哩！王羲之一进门，店主人就迎了上来。

王羲之因为累了，跟店家商量商量，想找张床铺躺躺，店主人连声应着："可以，可以！"就把他领到靠门口的一张小床上。

王羲之叫店主人舀来水，洗好脚，就上了床。这时店主人又端来一碗百滚煎的开水茶，王羲之接过用嘴吹吹，喝了一口，问道：

"老人家，生意好吗？"店主人听说，摇摇头，叹口气道：

"不好呢，我们店小客少，每天赚不了几文钱，老两口儿连嘴都糊不上呵！"

王羲之听了，好怜悯老人，向被上一躺，仰脸向床头一看，咦，只见床头的墙上有一个盆大的"茶"字，只是时间太久了，茶字上的最后一点脱落了。他看见大喜，忙起来用茶碗磨些墨，蘸饱笔，拿着躺下，回过手，仰脸向墙上的"茶"字下面一点，那"茶"字下面的一点就给补上了。

王羲之叫店主人换茶，店主人看见茶碗墨黑墨黑，吓了一跳，忙问道：

"这茶碗里面是什么呀？"

王羲之笑了一笑，说道：

"这是'金不换'呵！你看，我把你墙上的'茶'字缺笔都补好啦！"

店主人看看，苦笑笑，就换茶去了。

第二天一大早，王羲之走了。

不久，王羲之遭雨住茶店的事情马上传了开来，有人来到这爿店里，说起有如此这么的一个人，店主人一听，想了一想，哎哟哟，昨晚来的这个人，原来是王羲之啊！

这下可闹猛啦，王羲之用"金不换"补了这墙上的"茶"字一点呢，大家都赶来围拢着看。但见这点补得大小适中，只是墨浓些，其他也没有什么新奇的地方。

到晚上，店主人也向这小床上的被上一躺，眼望望字，哎呀呀，我的老天爷！原来王羲之用笔补上的那一点墨水，像已离开了墙，都要滴到脸上来了，慌人哩！

这一发现，立即轰动了整个湖州城，从早到晚，也不知道有多少人跑来看，都快挤破了门。老人生意因此兴隆起来，老两口成天乐呵呵地忙个没完没了。

从这个时候起，著名的湖州黑墨就叫作"金不换"了。还有些商人，在墨上印有"金不换"的烫金字，来纪念这件事，同时也说明王羲之点墨如金，字金贵呵！

（陈玮君）

画雨

王羲之的女儿出嫁了，轿子才抬到丈夫的家门口，她的婆婆早喜滋滋地站在大门外面张望着了。左看看，右望望，哎呀呀，这顶花轿后面冷清清的，什么嫁妆也没，她马上把脸一沉，气鼓鼓地满肚皮不快活。

花轿一停下来，这婆婆的两只眼睛一直盯着轿门儿瞧，只见一打轿帘，儿媳妇落了轿，她的怀里抱着一大卷纸，用双手恭恭敬敬捧着，笑嘻嘻地递给婆婆说：

"妈，这是爸陪给我的好嫁妆啊！"

婆婆一看，是这些，早已气得两眼都迸出火星来啦，二话没说，劈手夺过纸卷，往后屋就走。

客堂里张灯结彩，人挨着人，真闹猛呢，人们拥挤着，踮着脚尖，伸长颈子在看拜堂，到新郎新娘跟公公婆婆磕头时，一看，呀，婆婆没啦，公公急得直跺脚，没法想，只好叫等等，自己匆匆忙忙去寻找。前头后头，房里到处都没有，大门内外，也见不到她的影子，三找二找，最后找到后院墙外，呵，看见老婆婆正一个劲儿地在烧纸呢，纸灰扬得老高老高。

公公见到这样，气道：

"看你，新人都拜堂啦，可你却在这儿扬灰哩！都烧些什么呀？"

老婆婆气呼呼地骂道：

"是王羲之给他的宝贝女儿陪来的一大抱字纸！"

公公一听说是王羲之的字，珍宝呵！忙嚷道：

"哎呀呀，看你疯啦？怎么烧起宝贝来啦！"

慌忙冲上去，伸手就向火里抢，好不容易才抢出一块碗口大的"雨"字，其余的字都烧光了。

公公心疼着哩，唉声叹气地把这"雨"字理理平，又卷卷好，就放进衣箱里藏着，日子一久，也忘了。

第二年夏天，正当黄梅季节，公公搬出衣箱晒衣裳。正是一个响亮的大晴天，公公一下拉出了那张纸，才想起这是王羲之写的"雨"字呵，忙放开看，哎哟，"雨"字才露出头来，天空突然"哗啦啦"地落起"阵头雨"来了。

公公紧忙又把这"雨"字卷好，呵，雨停啦，神呵！是这雨字的缘故吗？于是再试试，又把这卷纸慢慢展开来，一露出"雨"字，哈，雨又落啦，马上卷起，雨又停了。百验百灵，才知道这字是宝呵！婆婆见到这样神奇，急得叹气抓胸光跺脚，悔不该把王羲之的字都烧光了。这消息马上传开了，从此以后，只要天旱田里缺水，人们就来借这"雨"字。只要把这"雨"字一展开，就是万里晴空，也会飘来一朵乌云，落下一阵大雨来，真救活不少庄稼哩！

可是这雨落的地面小，时间短，人们说这是画儿落的雨，就叫它为"画雨"，叫白了，称为"夏雨"。直到今天，每年夏季还落呢，农村里的人们常说，"夏雨隔牛背"，就是讲，一头牛站在那儿，牛这边落雨，而牛那边却无雨，就是指的这种雨，神奇得很哩！本来只有碗口那么大的一个雨字，雨落不大呵！

（陈玮君）

戒珠讲寺

王羲之很喜爱鹅，就在自己的戬山老屋前面挖了一个池子，放满水，养了几只雪花般白的大鹅，有的昂首远顾，有的掉头理翅，也有的引颈前趋，高声大叫，在水里的更是"红掌划绿水，白羽浮碧池"，见了真叫人喜欢。

王羲之还在兰亭筑了一个养鹅池。如今这两个鹅池还在。池的中间竖有大石碑，上面"鹅池"两个字，是王羲之亲笔写的哩。

一天，王羲之在书房里玩弄着一颗明珠，有一个老和尚来找他聊天，王羲之忙把和尚接进书房里来坐，但见大白鹅摇摇摆摆地迎着人叫得欢，老和尚见了也喜欢，用手抚摸一番。

这时候，王羲之的家里人，可巧都不在跟前，于是王羲之随手将明珠放在身后的茶几上，就起身去倒茶。这老和尚吃了茶，又闲谈了一会才走了。这时王羲之想起明珠，忙到茶几上去找，呀！明珠没了，茶几上面，茶几下面，甚至地上都找遍了，也找不到，心里闷闷不乐。

后来，王羲之丢失明珠的事慢慢传开去，当然，那个老和尚也听到了。老和尚很惊异，心中暗想："怪呀，我那天也明明见他把明珠放在茶几上的哩，怎么会丢失了呢？那时什么人也没有呀，难免他们要怀疑我了。"顿感冤屈，却有口难辩。心里一懊恼，这位老和尚悬根绳套，把头向套里一伸，吊死啦。

过了没两天，王羲之家中的一只大白鹅死了。家人感到奇怪，剖开鹅的肚肠，竟发现了那颗明珠。原来那天，大白鹅见茶几上的明珠，一啄，吞进肚里去了。

王羲之见到这明珠，心里明白老和尚死得冤枉，自己非常难过。自此他戒绝了玩珠之癖，把整座住宅和田园山林一并捐给了佛门建寺庙，并亲笔为寺庙题写横匾"戒珠讲寺"，用来悼念那个老和尚。

在戒珠讲寺的西北角楼上，也就是王羲之原来的书房上面，有一个小小的房间，王羲之叫人放上一张檀木做成的小香床，床上卧着一尊佛像。这是王羲之用一块一尺多长的白玉，请人依照死掉的老和尚的模样雕成的。王羲之自己经常来祭祀他。这间楼，后来人们就称呼为"卧佛楼"。

"戒珠讲寺"横匾是王羲之写的。不过写时，正值王羲之心中懊丧，久病之后，腕力不足，写到"戒"字一弯向上的小钩时，竟然没有力气钩起来，于是用脚一踢，手腕才钩上去，因此钩力甚猛。最后在右角上边加上一点，只是把笔向上一放而已，这点就嗒然垂坠，没有力量了。

　　戒珠讲寺是三月初三造好的。王羲之死后，他的子孙们在寺庙的大门内，塑上王羲之像，旁边还有两尊小菩萨，一个手里捧着飞狐笔，一个怀里抱着一只鹅。年年三月初三，王羲之的后代子孙们都要到这里来祭扫一番。

（陈玮君）

三、王羲之传说的价值与影响

王羲之传说作为口耳相传的文学样式，具有十分重要的研究价值。因为在一千六七百年的流传过程中，王羲之传说内容丰富了，地域扩展了，涉及的历史人物、历史古迹也相应增多了，并且表现形式也更加丰富多彩了，社会影响非常深远。

三、王羲之传说的价值与影响

　　王羲之传说作为口耳相传的文学样式，具有十分重要的研究价值。因为在一千六七百年的流传过程中，王羲之传说内容丰富了，地域扩展了，涉及的历史人物、历史古迹也相应增多了，并且表现形式也更加丰富多彩了，社会影响非常深远。

[壹]王羲之传说的重要价值

1. 史学价值

　　王羲之的人生历程，跨越了两个朝代，经历了西晋灭亡和东晋建立这样的历史大动荡，他是在时代的风风雨雨中度过的。东晋得以建立，其根本原因是中原沦陷，少数民族建立了政权，民族矛盾成了主要矛盾。世家豪族辗转逃往南方，他们之间原有的矛盾转变为次要矛盾。为了加强地主阶级的力量，他们需要建立他们自己的政权，以维护他们共同的利益。

　　东晋时期，一些身居高位辅政的重要人物尚能以大局为重，为东晋政权的巩固竭尽全力。王导在元帝时任丞相，后来又经历了明帝和成帝，"为政务在清静，每劝帝克己励节，匡主宁邦"，"善处兴废"。成帝五岁继位，"主幼时艰"，年轻的庾亮辅政，不少人为此忧心忡忡，然而庾亮"非惟风流，兼有为政之实"。康帝时，庾亮的弟弟庾冰辅政，"既当重任，经纬时务，不舍昼夜。宾礼朝贤，升擢后进，由是朝野注心，咸曰贤相"。孝武初年由王坦之与谢安辅政，王坦之在政治上推崇谢安，但反对他狎妓奢华的作风。王坦之临终时致信谢安、桓冲，没有涉及自己的一点私事，谈的都是国家大事，这些人物传记的记载虽有溢美之词，但基本上是事实。

东晋王朝建立以后，从北方南渡而来的士大夫和南方原有士族的权力如何分配，成了棘手问题。权衡结果是：南方原有的士族保留其既得的利益，而南渡的士大夫也要安排其官衔职位。所以朝廷将郡县划小，官府增多，特别是号称江南富庶之区的吴郡、吴兴郡、会稽郡首当其冲。

从客观上说，这一阶段由于避免了大规模的战争，生产有了发展，人民生活也有了相对稳定的环境，江南地区的文化兴盛。

王羲之传说反映了我国东晋时期政治、经济、文化发展的重要内容，为历史研究提供了有益的资料。

2. 艺术价值

王羲之生活的时代，文学艺术的审美意识、审美理想，较以前发生了很大的转折与变化。王羲之的书法，没有汉隶那么整齐，那么有装饰性，而是一种"自然可爱"的美。这是美学思想史上的一个大解放，诗书画开始成为活泼的生活表现，独立的自我表现。如果我们说汉隶是整齐划一的美,那么草书行书即是多样统一的美:同一个字出现在一幅书法中写成不同的形态,避免了一个字的绝对对称,字体左右的高低、轻重富有变化,通篇章法布局有疏有密,错落有致。

王羲之把自然看成一种崇高的美,他把对自然的一往深情,倾注到自己的书法创作之中,有一种"初发芙蓉,自然可爱"的美。王羲之以艺术的心灵、博大的胸怀去体察山水,由实入虚,他曾说:"从山阴道上行,如在镜中游!"欲将自己融入山水之中,出神入化,超越现实的自我,升华到玄远、空灵的境界。在这种境界中,一切功名利禄、物质欲望、人间的烦恼都化为无形。

王羲之是我国书法史上的"书圣",他的书法艺术达到了"冠绝古今""登峰造极"的水平。我们现在所见的王羲之的书法作品几乎全非真迹,都是响拓勾摹本和别人的临本。这给我们研究王羲之的书法艺术带来很大的困难。不过古人留下的勾摹本、临本,不少是出于高手和著名书家,很多书作保留了王羲之原作的基本面貌,结合前人考证和文献,进行除伪存真的综合研究,以求得实事求是的结论,也是可能的。

王羲之在文学方面的成就也是不应忽视的,他的文学创作同书法创作不一样,他没有长篇巨著,也不像某些文学家专注于某一文体的创作,刻意求索。他的文学作品大多见于书帖。在王羲之文学作品中,感情自然流露,题材也是根据需要信手拈来,不枝不蔓,或整或散。他的作品与东晋时代的玄风相比更显得清新自然，特别是山水抒情散文，在当时是很负盛名的。

《兰亭集序》一方面是王羲之书法艺术的代名词，在中国书法史上具有显赫的地位，被誉为"天下行书第一"，历来被认为是最为纯正典雅的行书范例，被历代文人书家所效法。另一方面《兰亭集序》也是王羲之文学方面的代表作，这篇散文脉络清晰，逻辑性强，没有虚浮雕琢的痕迹，叙事、写景并由此引发出议论，开了游记文体的先河，提供了序言文体的楷模，对后来的散文产生较大的影响。

王羲之传说已成为文学艺术创作的源泉，它不仅是民间文学的热门话题，也是诗歌、小说、影视、戏剧、曲艺等文艺样式创作、改编的热门题材。

3. 教育价值

王羲之在会稽任内史期间，针对东晋当时存在的弊端，发表了一系列的政治见解，向朝廷和某些当权者提出了许多从宏观到微观、从大政方针到具体实施的正确的建议。不仅如此，他还在自己职责范围之内，采取了许多切实可行的措施，不辞辛劳，不避风险，为当地人民办了许多实事，为稳定时局做出了很大贡献，政治业绩斐然。他胸怀宽大，一身正气，勤政廉政，表现了一种忘我的精神，他在《深情帖》中说："古人云：'行其道忘其为身，真。'卿今日之谓，政自当豁其胸怀，然得公平正直耳。"王羲之引古人的话说明当今，行政必须豁其胸怀，然后才能公平正直，事事、时时顾及自己得失的人是不能行政的。王羲之在任职期间，是一位古人所说的行道忘其为身者。王羲之以艺术家的胸怀热爱人民，对人民一往情深。

王羲之为官清正廉洁，十分体恤人民的疾苦。王羲之曾对朋友说，有的官员不肯多为人民做事，敷衍了事，做一天和尚撞一天钟，任期一到就拍拍屁股一走了之，这叫什么父母官？

王羲之传说以王羲之刻苦学书、正直无私、同情百姓、勤政为民为主要内容，是中华民族宝贵的精神财富，深受广大民众喜爱，其教育价值是不言而喻的。

4. 人文价值

王羲之传说历史悠久，形式多样，深入民间，影响深远，反映了越地人文和民俗风情，具有很高的人文价值。

书法，是中华文化的奇葩、民族传承的国粹。在中国书学史上大家不绝于世，众多文人墨客孜孜以求地探寻着汉字的形体美、意境美、韵律美的统一、和谐、静中寓动。古往今来，经过时间锤炼，王羲之的书法成就得到广泛推崇，他也被后人誉为"书圣"。脍炙人口的《兰亭集序》，全篇28行，324字，文章叙事写景，清新自然，抒情议论，朴实真挚；从书法角度赏析，凡字有复重者，皆变化不一，精美绝伦。可谓文章之美与书艺之美融为一体，犹如一组典雅抒情、跌宕自如的民族乐章，被后人称为"天下行书第一"，已成千古之绝唱！历史上不知有多少书家倾情于此，终生临摹不辍，从而陶冶造就了众多书法名家。

修禊，是中国古老的习俗，暮春三月在溪水边所进行的一种被除不祥的节日活动。勃勃生机的春意带给人们振奋的情绪和吉祥幸福的心理，传达出一种美好的企盼，祝愿生活美满顺利，同时也有一种超脱世俗的文人情怀，获得一丝心灵的静谧与休憩。王羲之于公元353年（东晋永和九年）三月三日，与名士谢安、孙绰等四十二人，于会稽山阴的兰亭水边，做流觞曲水之戏。游戏充满文趣，各人分坐于曲水之旁，借着婉转的溪水，以觞盛酒，让盛满美酒的觞顺流而下，置于水上停于某人之前，他就必须即席赋诗。他们一边喝酒一边作诗，也发表 些议论。大家即兴写下了许多诗篇，编成了诗集《兰亭集》。王羲之为其作序，千古不朽的《兰亭集序》就这样诞生了。由此，文人雅士饮酒赋诗、议论学问的聚会被称为"修禊"，又为"雅集"，并得到世代传承。

兰亭，因王羲之曾经在这里举行修禊，而成为中国著名的园林。这里群山环抱，绿水绕亭，风景秀丽别致。兰亭位于绍兴市西南13千米处的兰渚山下，是东晋著名书法家王羲之的寄居处，这一带有"崇山峻岭，茂林修竹，又有清流激湍，映带左右"。兰亭以曲水流觞为中心，四周环绕着鹅池、鹅池亭、流觞亭、小兰亭、御碑亭、墨华亭、右军祠等。鹅池用地规划优美而富变化，四周绿意盎然，池内常见鹅只成群，悠游自在。鹅池亭为一三角亭，内有一石碑，上刻"鹅池"二字，"鹅"字铁划银钩，传为王羲之亲书，"池"字则是其子王献之补写。一碑二字，父子合璧，乡人传为美谈。流觞亭是王羲之与友人吟咏作诗，完成《兰亭集序》的地方。兰亭也因此成为历代书法家的朝圣之地。

此外，墨池、鹅池、题扇桥、躲婆弄、戒珠寺、书圣故里、金庭王氏宗祠、王右军墓等与王羲之传说有关的人文景观，都已成为人们寻访的旅游胜地。

[贰]王羲之传说的深远影响

1. 王羲之书法在中国书坛占主导地位

王羲之的书法，哺育了一代又一代的书家，到了近现代，王羲之仍然是书坛崇敬的伟人，莫不以"二王"为师，在中国书坛出现了"二王"书派。其领袖人物是沈尹默，中坚人物有邓散木、马公愚、潘伯鹰、白蕉等，著名者还有李叔同、马一浮、沙孟海、赵朴初、启功等。可以说当代"二王"书派仍在中国书坛占主导地位。

沈尹默（1883—1971），原名君默（因其在北大担任教授时少言，被同事调侃说"要口干吗"，所以改名沈尹默），号君墨，浙江湖州人。著名的学者、诗人、书法家、教育家。沈尹默早年游学日本，先后执教于北京大学、北京女子师范大学，与陈独秀、李大钊、鲁迅、胡适等同办《新青年》，为新文化运动的得力战士。1925年，在"女师大风潮"中，沈尹默与鲁迅、钱玄同等人联名发表宣言，支持学生的正义斗争。后由蔡元培、李石曾推荐，出任河北教育厅厅长，北平大学校长等职。1932年，因不满政府遏制学生运动、开除学生，毅然辞职，南下上海，任中法文化交换出版委员会主任。抗战开始，应监察院院长于右任之邀，去重庆任监察院委员，曾弹劾孔祥熙未遂，因不满政府之腐败，抗战胜利后即辞职，卜居上海，以鬻字为生，自甘清贫。新中国成立后，任中央文史馆副馆长，历届上海市人民委员会委员，全国人大代表和政协委员。他创建了新中国成立后第一个书法组织——上海市中国书法篆刻研究会，为祖国文化事业的繁荣，尤其对中国书法艺术和理论，做出了卓越的贡献。著有《二王法书管窥》《历代名家学书经验谈辑要释义》等。出版主要书法集、字帖有《沈尹默法书集》《沈尹默手书词稿四种》《沈尹默入蜀词墨迹》等约二十种。沈尹默以书法闻名，他一生勤奋习书，临池不辍，遍临晋唐法帖，由文徵明、米芾、智永而上溯"二王"，终于熔铸诸家，自成一体。民国初年，书坛就有"南沈北于（右任）"之称。20世纪40年代书坛有"南沈北吴（吴玉如）"之说。著名文学家徐平羽先生，谓沈尹默之书法艺术成就，"超越元、明、清，直入宋四家而无愧"。已故全国文物鉴定小组组长谢稚柳先生认为"数百年来，书家林立，盖无人出其右者"。

已故台北师大教授、国文研究所所长林尹先生赞沈尹默书法"米元章以下"。

邓散木(1898—1963),原名菊初,字散木,上海人,中国现代书法家、篆刻家,中国书法研究社社员。邓散木一生清高孤傲,落拓不羁,他勤于艺事,长于诗文、书刻,也能作画。精于四体书,行草书集二王、张旭、怀素之长。作品潇洒流利而秀逸,清新圆转而委婉,不激不厉而尽显阴柔之美;于篆隶,师从萧蜕庵,或委婉用帖学笔法,或苍劲用金石笔法,呈豪放苍劲、古朴雄强之气象,创立出一种个人风格强烈的草篆;楷书以唐楷为主,兼写北碑,尤精小楷。1931年至1949年之间,曾在江南一带连开十二次展览,艺坛瞩目,有书坛的"江南祭酒"之称,艺坛上所说的"北齐南邓",就是指北京的齐白石与江南的邓散木。著有《欧阳结体三十六法》《中国书法演变史》《怎样临帖》《草书写法》《篆刻学》《邓散木诗词选》等。

沙孟海(1900—1992),原名文若,字孟海,鄞县沙村人。20世纪书坛泰斗。曾任浙江大学中文系教授,浙江美术学院教授,西泠印社社长,西泠书画院院长,浙江省博物馆名誉馆长,中国书法家协会副主席。其书法远宗汉魏,近取宋明,于钟繇、王羲之、欧阳询、颜真卿、苏轼、黄庭坚诸家,用力最勤,且能化古融今,形成自己的独特书风。兼擅篆、隶、行、草、楷诸书。所作榜书大字,雄浑刚健,气势磅礴,被世人誉为"海内榜书,沙翁第一",其作气势宏大,点画精到，富现代感，以气胜，且字越大越壮观，此非胸有浩然之气不能致也，为当代书风典范。沙氏学问渊博，于语言文字、文史、考古、书法、篆刻等均深有研究。著有《近三百年的书学》《印学概述》《浙江新石器时代文物图录》《兰沙馆印式》《印学史》《沙孟海论书丛稿》《沙孟海书法集》《沙孟海写书谱》《中国书法史图集》，并主编《中国新文艺大系·书法卷》等。

2.纪念王羲之的活动

一是建立王羲之纪念馆。

绍兴杨汛桥镇王羲之纪念馆。这座纪念馆坐落在杨汛桥镇中王村。馆内展出了王羲之书迹碑廊、王羲之与他的后裔王佐的壁刻画像和以竹、木、铜及丝绸为载体的《兰亭序》，以及晋代以后历代著名书法家的字帖等艺术品。

新昌鼓山王羲之纪念馆。这座纪念馆坐落在新昌鼓山半山腰的真武帝院，馆内有王羲之生平简览、画廊、碑林等。该地相传为王羲之入剡炼丹处，曾与那里的名僧支遁、道士许迈交往甚密。2001年，负责照看这座王羲之曾活动过的遗址的黄积富老人发起建造王羲之纪念馆，得到国际羲之书画院的终身荣誉教授吕水良的指导，新昌文物馆也介绍专搞古建筑的设计师做义务设计，附近村庄的村民为建这座纪念馆主动前来义务劳动。经过一年多的努力，新昌王羲之纪念馆终于建成。

　　绍兴书圣故里王羲之陈列馆。这座陈列馆位于绍兴书圣故里斜桥弄8号，主要陈列王羲之与王献之"二王"的名作和历代受"二王"作品影响的书法名家作品。陈列馆内设王羲之书法名作展厅、王羲之生平事迹展厅、历代法帖名作展厅、书艺交流中心及书法体验互动区，在全面展示王羲之书法成就的同时，让游客亲身体验书法创作的魅力。进入门厅，首先映入眼帘的是一幅《王羲之教子习字图》，画面展现了王羲之到绍兴蕺山老街定居后，教孩子练习书法的场景，王羲之的夫人和孩子们一起观摩王羲之教导时年八岁的王献之练习书法，画面生动祥和。门厅右边是根据北京故宫养心殿三希堂原样陈设的"三希堂"，展出三件为乾隆皇帝非常爱好的书法作品：王羲之的《快雪时晴帖》、王献之的《中秋帖》、王珣的《伯远帖》。这三件作品在中国书法史上享有盛名。如今两岸分居，《中秋帖》《伯远帖》现藏于北京故宫博物院，《快雪时晴帖》藏台北故宫博物院。这里展出的是这三件作品的复制精品。如今它们在绍兴书圣故里重逢，让来书圣景区的游客一睹三希堂三件稀世宝贝的"芳容"。门厅左边，是王羲之生平事迹和书法作品展厅，这里按照时间脉络依次展现了"东床快婿""初到会稽""临池爱鹅""题扇躲婆""戒珠失友""兰亭雅集""金庭归隐"这几个历史场景。展厅搜集了目前存世最全的王羲之书法作品。中间玻璃展柜展出了四幅《兰亭序》。其中，唐代褚遂良黄绢本、冯承素神龙本和宋拓

书圣故里

书圣殿

定武本是非常著名的。还有一本是明代著名书画大家祝允明临摹的《兰亭序》，也弥足珍贵。这里将这四种一起陈列，大家可以借此一览《兰亭序》一千六百多年来历代传承、临摹的历史。走到中庭，有"羲之笔庐"，相传是晋代王羲之堆放练习书法用的毛笔的地方。王羲之曾经将他练字用废旧的毛笔积攒起来，起冢埋葬，传为一时美谈。后面阅古楼陈列了深受王羲之书法艺术影响的历代和绍兴有渊源的书画大家们的作品。在这里可以看到中国书法史上的行书三绝，那就是《兰亭序》和唐颜真卿《祭侄文稿》、宋苏轼《黄州寒食诗》。其他诸如绍兴的著名爱国诗人陆游的书法作品，明代徐渭的书法作品，展现了一卷浓墨重彩的中国书法史长卷。在书法互动区内，为游客准备了利用电脑来临摹王羲之书法的设备，大家可以在此一试身手，临摹好的作品还可以打印出来，带回家作为纪念。

二是成立兰亭书会。

1981年4月7日至9日，江、浙、沪的著名书法家聚集绍兴，在兰亭举行了新中国第一次书法盛会。除在兰亭举行开幕式，进行曲水流觞活动和书艺交流外，着重讨论了如何振兴书法艺术，并提议在绍兴成立全国性的书法组织——兰亭书会，以期能与杭州西泠印社一样，作为全国有影响的书画艺术研究与创作的组织。会上起草了由田桓、钱君匋、范韧庵、汤兆基、陈茗屋、王琪森、刘春旸、余子安、商向前、郭仲选、徐润之（女）、沙孟海、陆俨少、邓白、刘江、费新我、侯镜昶、萧平、程十发、朱龙湛、骆寄平、李震坚、朱关田、周砥卿、冯亦摩、周庸邨、沈定庵、许宋奎等签名的倡议书《提议成立兰亭书会》。1981年10月26日至30日，举办了由中国书法家协会、上海书画社《书法》杂志、绍兴市文化局联合主办的"中国书学研究交流会"。中国书协副主席陈叔亮主持会议，主席舒同和副主席沙孟海分别作开幕词和闭幕词，开幕式后进行曲水流觞，饮酒赋诗，即兴挥毫。会议进行了论文交流。在这样两次全国性的书法活动推动下，浙江省文联根据当时中央提出关于不成立跨省性组织的精神，以省文联党组名义批复："同意成立兰亭书会，性质属书法学术性群众团体，会员限于浙江省内书法家和书法爱好者。"

1982年5月23日，兰亭书会作为浙江省书法家和工作者的学术性群众团体正式成立。名誉会长：沙孟海，顾问：方介堪、诸乐二，会长：沈定庵，副会长：许宋奎，秘书长：许宋奎（兼），副秘书长：蔡才友，理事：方杰、刘江、许宋奎、沈定庵、周庸邨。

1983年4月15日上午，来自全国各地的书法家、新闻工作者和省、市政界二百余人在书法圣地兰亭隆重举行纪念王羲之撰写《兰亭集序》1630周年大会。

开幕式后，中国书法家协会主席舒同在兰亭右军祠首先开笔，尽兴泼墨。沙孟海挥毫写下了"一日千载"四个大字，并在跋中记述了这次大会的盛况："右军禊后1630周年，癸丑上巳兰亭续集，以舒

同同志为首,来自十九省市男女书法家二百余人,永和无此盛况。"

三是创办书法文化节。

兰亭书法节。1985年1月,绍兴市人大在听取绍兴市文联关于建议建立绍兴市书法节的提议后,经市人大常委会正式通过,决定每年农历三月初三为绍兴市书法节。自1985年1月绍兴市人大常委会作出农历三月初三为"绍兴书法节"(后改名为"兰亭书法节")的决议后,至2016年,绍兴连续举办了三十二届书法节。书法节期间,在兰亭举行"曲水流觞"雅集活动,进行书艺交流,举办多种书法作品展览,并进行书法理论研讨。

书圣文化节。2003年,书圣王羲之诞辰1700周年,为纪念这位中国历史上杰出的书法艺术家,临沂市此后每年举行一次"书圣文化节"。

四是创建兰亭书法艺术学院和兰亭书法博物馆。

兰亭书法艺术学院。该校是经浙江省人民政府批准设立的绍兴文理学院的二级学院,创办于2004年。书法艺术学院毗邻书法圣地兰亭,环境优美,风景秀丽,与绍兴文理学院本部相距9000米,交通便捷。学院占地10公顷(150亩),规划建筑面积7万平方米。现有建筑面积约2万平方米。硬件设施齐全,配有行政楼、教学楼、展厅、报告厅、学生公寓。学院内还设有按三星级标准建造的专家楼,可同时容纳120人住宿,200余人就餐。馆藏书法、美术藏书和藏品2万余册（件）。学院建设规模近期为在校生500人，远期为1000人。2005年，经教育部批准，书法学本科专业在兰亭书法艺术学院首先设置，并面向全国招生。兰亭书法艺术学院广泛开展与相关高校、教育管理部门以及书法家协会的交流与合作，已建成中国人民大学教学实践基地、浙江省书法家协会创作基地、浙江省外国留学生教育基地和浙江省中小学美术书法教师继续教育基地四大基地。近日，又与新西兰奥克兰大学合作，建立新西兰书法实践基地（奥克兰亭）。并已为来自日本、奥地利、法国、美国、瑞士、新西兰等十余个国家的代表团数千人进行书法培训或开展书艺交流。同时，学院也派员先后考察访问了日本、韩国等国高校的相关院系。书法艺术已经成为国际文化交流的使者和中外友谊的桥梁。

兰亭书法博物馆。该馆2013年9月全面动工兴建，2015年4月落成开馆，是全国最大的书法类博物馆。该馆位于兰亭景区核心区域，总建筑面积12191平方米，包括综合展厅、精品厅、临展厅、报告厅、库房及办公研究、园林景观、休闲配套等设施。兰亭书法博物馆建筑空间共分三层。一层有入口大厅、基本陈列厅、主题景观厅及贵宾厅、报告厅、售卖区等区域；地下一层为临展厅、精品厅；二层为办公区。博物馆的主体延续了传统建筑特点，沿袭了老绍兴台门式、坡屋面的建筑形式。尊重兰亭风貌，以灰色调为主，高度、体量、建筑形式与兰亭及周边风貌和兰亭文化内涵相协调，采用现代手法，

流溢着传统文化的元素，是一个大气、简约、雅致的博物馆。兰亭书法博物馆基本陈列结构主要采用"两线"并行，主线为《兰亭序》的书法线，辅线为《兰亭序》的文化线。陈列内容共分四大板块：一块为风雅兰亭——从诞生到传家，一块为传奇兰亭——从真迹到摹本，一块为不朽兰亭——从书法到文化，一块为再塑兰亭——中国兰亭书法节。综合呈现《兰亭序》作为文人逸事的风雅历史、经典名作的生命轨迹、版本墨迹的传播神话、文化现象的多层维度和生命模式的不朽传奇。兰亭书法博物馆是打造兰亭书法特色小镇的重点项目，未来可以利用这个平台，展开兰亭展览、兰亭收藏、兰亭论坛、兰亭拍卖等活动。

千古兰亭序

兰亭书法艺术学院与兰亭书法博物馆，两者珠联璧合，使兰亭成为中国书法艺术文化的高地。

五是王羲之传说入选第三批浙江省、国家级非物质文化遗产名录。

2009年6月，"王羲之传说"入选浙江省第三批非物质文化遗产名录。2011年5月，国务院下发《关于公布第三批国家级非物质文化遗产名录的通知》（【国发〔2011〕14号】），"王羲之传说"入选国家级非物质文化遗产名录。

3. 王羲之传说的文艺作品

王羲之传说通过民间文学、历史小说、影视作品、戏剧作品、连环画作品等众多文艺形式，影响着当今社会。

（1）民间文学

民间文学是指人民群众口头创作、口头流传，并不断地集体修改、加工的文学。包括散文的神话、民间传说、民间故事，韵文的歌谣、长篇叙事诗，以及小戏、说唱文学、谚语、谜语等体裁的民间作品。有关王羲之传说的民间文学作品，经过收集和整理出版的有：陈玮君著《王羲之传说故事

《王羲之的传说》

选》（绍兴市文学艺术工作者联合会、绍兴市民间文艺工作者协会
1983年编印），收有王羲之传说32篇，后又有《王羲之的传说》（花
山文艺出版社1985年出版）；施钰兴编《王羲之的传说》（国际炎黄
文化出版社2001年出版），收有王羲之传说66篇；吴传来、黄蔡龙、
鲍世济主编《王羲之的故事》（台海出版社2003年出版），收有王羲
之传说39篇。此外，1981年绍兴地区群众艺术馆编印的《浙江民间
文学丛刊——绍兴地区专辑》，收有王羲之的故事4篇；1989年在全国性的民间文学"故事、歌谣、谚语集成"的编撰工作中分别出版的《中国民间文学集成·浙江省绍兴市故事卷》（上）收有王羲之的故事13篇，《中国民间文学集成·浙江省绍兴县故事

王羲之传说相关书籍

《中国民间文学集成》收录了多篇王羲之故事

卷》收有王羲之的故事5篇，《中国民间文学集成·浙江省越城区故事卷》收有王羲之的故事4篇；2009年绍兴市群众艺术馆编印的《王羲之传说》收有王羲之的故事69篇。

陈玮君（1923—2005）是最早对王羲之的传说进行系统收集整理者。陈玮君，江苏泗阳人，1947年毕业于浙江大学文学院中国文学系。曾在江苏宜兴、浙江温州等地教书。1956年调任浙江省文联创作室、《东海》文学月刊编辑，并先后在浙江省艺术学校、浙江省民间研究会、浙江省文联工作，为中国民间故事学会顾问，是中国著名的民间文学家和儿童文学家。2002年2月，被授予"浙江省20位有突出贡献的老文学艺术家"的称号。他自幼深受启蒙老师的影响，熟知王羲之的故事，他在《王羲之传说故事选》一书的后记中回忆说："我那启蒙老师，古板而又严峻，成天冷着面孔，拍打着戒尺，吆喝着我们要大声朗读。写字时，他常到学生背后拎笔杆，谁捏不牢，他就大骂：'没手劲能写好字吗？王羲之捏笔杆，用棍敲也不会动。'我们有时发觉他到身后了，就屏住气，捏紧笔杆，动也不动，等他拔。他拔不动，就会快活地讲些王羲之写

《王羲之传说故事选》

字的故事给我们听，什么'十八缸水'啦，'墨池'啦，'天下第一关'
啦……说王羲之在墙上补过'茶'字一点，人从下面往上看，这一点
都离开墙要滴下来，慌人哩！王羲之天天在肚皮上练习一点，把肚皮
也点出个洞，因此人们有了'肚脐眼'……学生们听得拍手顿脚，哈
哈大笑，书房里的空气顿时活泼起来，严厉的老师一下子也变得和
蔼可亲了。"在20世纪50至80年代，他多次到绍兴采访，发现"王羲
之是位家喻户晓的人物，题扇桥、笔架桥……都传有他的美谈。小
到躲婆弄、笔飞弄、墨池、鹅池、鹅碑，大到戒珠讲寺、王家山、兰
亭……处处都印着他的足迹，故事之多，流传之广，真是没有人可以
比上的了"。他深感王羲之的传说，"是那么新鲜而迷人，心中不禁
涌起无限喜悦。故事里的王羲之被人们神化了，他写的字，已经达到
见其力透纸，观其形生辉，听听有声音，掂掂有重量，连神仙看到也
惊叹不已的境地了。作为一个书法家，还有谁能如此深入人心，享有
这样盛誉的呢？"由此，他怀着对王羲之崇敬、钦佩之情，对王羲之
的传说进行了系统的整理，先后出版了《王羲之传说故事选》《王羲
之的传说》等，并出版儿童文学读本《王羲之的故事》（中国少年儿
童出版社1980年出版）。

（2）历史小说

历史小说是以历史人物和事件为题材，反映一定历史时期的生
活面貌的作品，它所描写的主要人物和事件都有历史根据，但容许

适当的虚构。因此，它虽然可以给读者提供一些历史知识，但它的主要目的在于给读者以启示和教育。有关王羲之传说的历史小说有：王汝涛著《王羲之》（齐鲁出版社1989年出版）、李敬佑著《王羲之》（百花文艺出版社2002年出版）、王云根著《王羲之档案》（方志出版社2003年出版）等。

　　王汝涛（1921—2009），最早以王羲之为题材创作历史小说。河北省文安县人，毕业于南京国立政治大学法政系，临沂师范专科学校教授，主编《王羲之研究》《颜真卿志》《王羲之志》，创作历史小说《偏安恨》《王羲之》等。王汝涛的历史小说《王羲之》，是一部合小说与人物传记为一的作品，他取小说的体裁，使作品文字生动，致力于主人公性格的塑造。也加入一些不违历史真实、不陷于随意性的细节虚构；作品的整体内容、其真实性的程度则严格依照对历史人物传记的要求，主人公一生经历的各种事件的时间、地点、与周围人物的关系、历史大小事件对他的影响等，都依据经过鉴别的资料予以组织，不任意改动，不信手编造。他用心勾稽

《王羲之》

史料，细致编织成篇，终于写出了一部有独特观点的历史小说《王羲之》。此书虽名为小说，也可以算是一本翔实的人物传记。

(3) 影视作品

影视作品是以电影作品和类似摄制电影的方法创作的作品的统称。它是指摄制在一定物质上，由一系列有伴音或者无伴音的画面组成，并且借助适当装置放映、播放的作品。正在筹拍和已经拍摄的有关王羲之传说的影视作品有：《王羲之传说》百部系列微电影与20部数字电影、《王羲之的传说》6集电视短剧、《书圣王羲之》40集电视连续剧、《王羲之》史诗电影，以及动画片《王羲之的故事》等。

据中国人物网2014年8月23日报道，由临沂市王羲之研究会和深圳市书圣文化传媒有限公司共同摄制《王羲之传说》百部系列微电影与20部数字电影。报道称，王羲之是晋代著名书画家、文学家、军事家，是历代公认的书圣。由于王羲之创作的天下第一行书《兰亭序》把中国书法艺术推向巅峰，因此王羲之一直被视为中国书坛、文坛上的伟大楷模和崇高典范，永远是中华民族的光荣骄傲与自豪！王羲之的名字就是中国文化的一个巨大品牌，所以王羲之题材也可以说是影视产业中尚未开采的"钻石矿"。把非遗项目《王羲之传说》故事搬上银幕，以此弘扬书圣王羲之，这是一个创新与创举。这对创建临沂王羲之生态文化园，把王羲之出生地临沂打造成为既有晋代风格特点，又具有当代强烈时代精神的书画圣地及历史文化名城，使临沂成为文化强市，具有重大意义。《王羲之传说》故事不但具有深厚文化内涵和浓郁地域特色，而且又具有重要的历史、人文、艺术、教育等价值。把《王羲之传说》故事摄制成百部微电影与20部数字电影进行放映，恰好契合全国中小学普遍学习书法的形势需要。王羲之书法是中国书法中的核心内容，中小学生学书法必然学王羲之书法，所以《王羲之传说》故事的微（数字）电影，必然受到广大青年学生的热烈欢迎。非遗项目《王羲之传说》共有123个故事，从中选出100个故事摄制成微电影，定名为"《王羲之传说》故事百部系列微电影"。每五部微电影作为一个组合，用数字电影的艺术与技术标准拍摄，每部数字电影时间90分钟，共摄制成20部数字电影。

据《戏文》1994年第6期报道，由绍兴市艺术研究室叶文进编剧，绍兴电视台顾建华执导的六集电视系列短剧《王羲之的传说》，由绍兴电视台和绍兴邮电新闻中心联合投资拍摄。该剧依据有关史料和传说，以王羲之学艺成长，不断完善自己的人品、艺品为主要情节贯穿线，安排了《墨池苦学》《以书换鹅》《石桥题扇》等六个既独立成章又前后连缀的故事，多侧面地描写了王羲之刻苦好学、痴心书艺、旷达率真、执艺严谨等独特的性格特点和气度高雅的精神风貌。将一代"书圣"王羲之的艺术形象，展现在电视屏幕上。该

剧的主创人员大多由绍兴市的艺术工作者担任。这是绍兴电视台依靠本市的艺术力量，自编、自导、自演、自摄、自制电视剧的第一次尝试。

据新浪网、凤凰网、琅琊新闻网报道，40集电视连续剧《书圣王羲之》2014年5月开机，10月杀青。该剧由周祥林导演，邬立朋、金泰熙、梁冠华、梁天、李添诺主演。故事发生在西晋灭亡东晋初建的历史背景下，少年王羲之喜武不爱文，但父亲王旷和伯父王导都觉得他在书法方面有着独特的悟性，于是专门请当时最有名的书法老师卫夫人来教他书法。南迁以后的东晋百废待兴，社会动荡，王羲之在这样的环境中迅速成长、成熟。然而王羲之和郗璇之间的爱情如同他的书法一样并不是一帆风顺。在经历了多舛的困苦以后，二人终于结为连理。但在新婚之夜，王羲之却把他多年创作的作品付诸一炬。近三十年的颠沛使王羲之决定在会稽安度晚年，他的书法在人生的流离中一次一次有了升华，隶书的成熟，楷书的兴起，行书、草书的逐渐完善，使他有了多种多样的选择，这也集中体现了他勇于创新的独立精神，在夫人和好友的支持下，王羲之终于在永和九年上巳三月三举办了前无古人的兰亭雅集，并乘兴写下了千古绝唱《兰亭序》。《书圣王羲之》全面、立体地展示了王羲之成为书圣的过程，表现了在东晋这个表面安定实则动荡的江南一隅，王羲之如何以他的天赋、勤奋、品格、才华一步步超越他人，最终超越自我成为书圣。而字与人、字与情、字与社会、字与历史等的一系列关联，则从更深层面展现书法与国人息息相关的千年情结。

据中国网2015年6月8日报道，史诗电影《王羲之》启动。报道称：青年导演、艺术鬼才田七会见了王羲之研究会会长、《王羲之》编剧聂邦瑞，就拍摄史诗电影《王羲之》进行剧本研讨、故事论证。导演田七肯定了拍摄电影《王羲之》的重大意义，将通过电影的镜头语言全面、立体展示王羲之一生最辉煌的历史与兰亭雅集的盛况，将中国书法传承与中国博大精深的传统文化用镜头语言全方位展现。王羲之行书《兰亭序》，以隽永优美、书文双绝的艺术形式和潇洒浓郁、神完气足的内在韵致，谱写出中华民族文化史上的华彩乐章，使中国人民永远引为光荣！电影《王羲之》将超越历史时空，演绎东晋时期王羲之的一生传奇经历，揭示王羲之成为中华书圣的奥秘，再现晋人风度、晋字神韵及晋艺辉煌；阐释学书、从艺、为官、做人的道理，以及中国书学发展道路；旨在彰显人性之光与文明之光，以此激励人们弘扬书圣王羲之精神，熔古铸今，继承创新，出人才，出精品，走正道，努力创造21世纪中国书法艺术的新的里程碑。

动画片有《王羲之的故事》《书法家王羲之》《王羲之吃墨》等，内容主要讲王羲之是中国历史上最伟大的书法家之一，他的《兰亭序》让人叹为观止。王羲之七岁时，拜女书法家卫铄为师，一直学习到十二岁，虽已不错，但自己却总是觉得不满意。十三岁那年，偶然

发现他父亲藏有一本《笔说》的书法书，便偷来阅读。他父亲担心他年幼不能保密家传，答应待他长大之后再传授。没料到，王羲之竟跪下请求父亲允许他现在阅读，他父亲很受感动，终于答应了他的要求。王羲之练习书法很刻苦，甚至连吃饭、走路都不放过，真是到了无时无刻不在练习的地步。没有纸笔，他就在身上画写，久而久之，衣服都被划破了。有时练习书法达到忘情的程度。一次，他练字竟忘了吃饭，家人把饭送到书房，他竟不假思索地用馍馍蘸着墨吃了起来，还觉得很有味。当家人发现时，已是满嘴墨黑了。他家屋后有一个大水池，父亲告诉他，如果能把水池里的水洗黑，他的字就会有长进的。从此以后，一练完字，王羲之就跑到水池边去洗毛笔和砚台。洗呀洗呀，一天过去了，一个月过去了，一年过去了，池水尽墨，人称"墨池"，王羲之的字也写得越发好看了，可是他没有骄傲，而是更加努力地练习。后来，王羲之成了大书法家，被人们称为书圣。

（4）戏剧作品

戏剧作品，是指将人的连续动作同人的说唱表演和表白有机地编排在一起，并通过表演来反映某一事物变化过程的作品，比如话剧、音乐剧、地方戏剧、广播剧等。有关王羲之传说的戏曲作品有：嵊州市越剧团新编历史剧《王羲之》、广东的大型民族音乐剧《曲水流觞兰亭会》等。

嵊州市越剧团新编历史剧《王羲之》作为第十届浙江省戏剧节

的参演节目在杭州剧院演出，并登陆北京长安大戏院。剧中演绎了王羲之曲折的一生，他自幼随卫夫人学书法，成年后游历北方，广搜博采，书艺大进。东晋太尉郗鉴为女儿郗璇的婚事到宰相王导府中选婿，王导的子侄及门生王述都十分高兴，整装以待。独有王羲之不理不睬，坦腹东床。郗府选中王羲之，王羲之却另有隐情，逃婚到剡县卫夫人处。因为卫夫人的儿子李充为剡县县令，卫夫人随任来到剡县，留居于离县城不远的独秀山。大胆追求爱情的郗璇追到剡县，由卫夫人撮合，王羲之和郗璇终成良缘。王导门生、会稽内史王述因选婿不成怀恨在心，利用王羲之少年时一段青梅竹马的感情进行报复，使王羲之大受刺激，几乎精神崩溃，由于爱妻郗璇的激励，

嵊州市越剧团创排的新编越剧《王羲之》

他才重新振作起来。后来，王羲之接任会稽内史，王述却提升为扬州刺史，成为他的上司。王羲之在会稽写了千古名作《兰亭集序》。他在任内重农爱民、开仓赈灾、禁酒节粮、惩治贪官，做了许多好事，但他的上司却吹毛求疵，再次打击王羲之。王羲之愤而辞官，携家人隐居剡县金庭。越剧《王羲之》以书法、仕途、情感三线交织的方法来反映这位东晋书圣的一生，通过《选婿东床》《鹅池定情》《摔砚断指》《流觞泛水》等七幕，展现王羲之成为书圣的过程中所遇到的情感纠葛和仕途坎坷。

广东的大型民族音乐剧《曲水流觞兰亭会》，是国内迄今第一次将书法题材搬上音乐剧舞台的作品，全剧运用戏剧、音乐、舞蹈之美，将书圣王羲之和天下第一行书《兰亭序》的神韵展现于舞台之上。该剧曾参加第十五届中日韩戏剧节暨第三届长江流域艺术节。全剧共分五场，通过一连串脍炙人口的故事，表现了中国历史上唯一的书圣王羲之率真脱俗的名士风流以及对大自然、对生活、对艺术的挚爱，并首次在舞台上再现了被誉为"天下行书第一"的千古名篇《兰亭序》的诞生过程。剧中出现的其他人物，如与其父齐名的王献之、女中笔仙郗夫人、东山再起的谢安、东晋高僧支道林以及卖扇婆婆、养鹅道士等，也都是在历代文人和民间广为传说的人物，风采各异、生动传神。随着剧情的变化，舞台上展示了当年奇异多彩的民间民俗活动和如诗如画的江南美景。音乐剧作为一种集音乐、舞蹈、戏剧表演于一体的现代舞台剧,已经风靡全球。该剧的创作既充分发挥了音乐剧时代感强的优势,又在民族化方面进行了多方面的探索,使之具有鲜明的中国特色、浓郁的江南韵味。

(5) 连环画作品

连环画又称连环图画、小人书等。连环画是一种古老的传统艺术,在宋朝印刷术普及后最终成型。以连续的图画叙述故事、刻画人物,这一形式题材广泛,内容多样,是老少皆宜的一种通俗读物。连环画寓教于乐的方式成为许多青少年乃至成年人重要的读物。由于连环画的艺术表现形式多样,题材具有中国传统文化和一定的历史时期特色,使其与其他国家的漫画作品有着很大的区别,具有自己独特的艺术表现力。有关王羲之传说的连环画作品有:陈玮君编文,罗希贤、庞先健绘画的《王羲之的传说》(浙江人民美术出版社1980年出版);谢京秋绘画的《王羲之的传说》(新疆青少年出版社2005年出版);陈玮君著,邢言编,谢京秋绘的《王羲之的传说》(连环画出版社2011年出版)等。内容是介绍我国古代著名的大书法家王羲之,他的字融百家之长,秀丽优美,自成一体,被人们称为"书圣"。连环画中有关王羲之的许多神奇传说,非常生动感人,展示了他的生活道路和孜孜以求的奋斗精神。

四、王羲之传说的现状与保护

王羲之传说的传承与保护，一在传承，这就要做好王羲之传说资料的收集和整理工作，使那些民间口口相传的故事记录在案，编辑出版，以便传播。二在保护，在书圣故里绍兴、嵊州、临沂等地成为名胜古迹的历史遗存很多，范围很广，这些遗存是王羲之传说的依附点，保护好王羲之传说的遗存，是保护王羲之传说最为直接有效的措施。

四、王羲之传说的现状与保护

　　王羲之传说的传承与保护，一在传承，这就要做好王羲之传说资料的收集和整理工作，使那些民间口口相传的故事记录在案，编辑出版，以便传播。二在保护，在书圣故里绍兴、嵊州、临沂等地成为名胜古迹的历史遗存很多，范围很广，这些遗存是王羲之传说的依附点，保护好王羲之传说的遗存，是保护王羲之传说最为直接有效的措施。

[壹]王羲之传说的遗存现状

1. 收集整理出版的王羲之传说

　　新中国成立以来，特别是20世纪80年代以来，省、市、县各级政府多次组织文化行政主管部门和市群艺馆、县（市）文化馆、文化站工作人员，组成采风小组，深入街道、城乡、工厂进行社会普查，收集有关王羲之的故事。共收集、整理王羲之的传说故事200多个。

　　有关王羲之传说的民间文学作品，已经出版的有：陈玮君著的《王羲之的故事》（儿童读物），由中国少年儿童出版社1980年出版；王汝涛著的《王羲之》（历史小说），由齐鲁出版社1989年出版；李敬佑著的《王羲之》（历史小说），由百花文艺出版社2002年出版；陈玮君著的《王羲之传说故事选》，由绍兴市文学艺术工作者联合会、绍兴市民间文艺工作者协会1983年编印，收有王羲之传说32篇；施钰兴编的《王羲之的传说》，由国际炎黄文化出版社2001年出版，收有王羲之传说66篇；吴传来、黄蔡龙、鲍世济主编的《王羲之的故事》，由台海出版社2003年出版，收有王羲之传说39篇；绍兴市群众艺术馆2009编印的《王羲之传说》，收有王羲之的故事69篇。此外，1981年绍兴地区群众艺术馆编印的《浙江民间文学丛刊——绍兴地区专辑》，收有王羲之的故事4篇；1989年在全国性的民间文学"故事、歌谣、谚语集成"的编撰工作中分别出版的《中国民间文学集成·浙江省绍兴市故事卷》（上）收有王羲之的故事13篇，《中国民间文学集成·浙江省绍兴县故事卷》收有王羲之的故事5篇，《中国民间文学集成·浙江省越城区故事卷》收有王羲之的故事4篇。

2. 王羲之传说的古迹遗存现状

有关王羲之传说的古迹，在绍兴市柯桥区有兰亭、鹅池、墨池、曲水流觞；在绍兴市区有题扇桥、躲婆弄、笔飞弄、墨池、王羲之故宅（戒珠寺）；在嵊州市有金庭观、百丈岩、王氏宗祠、王羲之墓等。这些古迹均得到较好的保护，其中兰亭、题扇桥、王氏宗祠现为全国重点文物保护单位，王羲之墓现为浙江省文物保护单位，王羲之故宅为绍兴市文物保护单位。

兰亭 位于柯桥区兰亭镇兰渚山东南麓。东晋永和九年，王羲

之邀好友修禊于此，写下天下第一行书《兰亭序》。王羲之被后人尊为书圣，兰亭遂成书法圣地。兰亭屡经兴废，数易其地，今为清代重建，20世纪80年代修复。东面有鹅池、小兰亭、曲水流觞、流觞亭。亭后有御碑亭，碑阳镌清康熙帝书《兰亭序》，碑阴刻清乾隆帝书《兰亭即事一律》。西部为右军祠，有门厅、正厅、墨华池、长廊。存《兰亭序》刻石数十种。现为全国重点文物保护单位。

鹅池　步入兰亭，曲径通幽，首先映入眼帘的是一方鹅池，池水清碧，数只白鹅嬉戏水面，池左旁是一座式样特别的石质三角形鹅池碑亭。亭中有一镌有"鹅池"两字的石碑，此碑系清同治年间立，石头采自东湖。王羲之爱鹅、养鹅、书鹅，传说"鹅"字为王羲之所

兰亭鹅池

书，"池"字为其子王献之所补，一碑二字，一肥一瘦，父子合璧，成为千古佳话。

墨池　在兰亭右军祠内有墨池。相传王羲之临池学书，常在池中洗笔，日久池水变黑，故名，廊壁上有石刻的两个大字"墨池"。池中建有"墨华亭"，系1914年建。"墨华亭"三字为陶恩沛书，落款有小跋，记墨华亭来由。墨华亭南北两端有小石桥与正厅相连，祠内左右设环廊，整个建筑"山、水、廊、桥、亭"融为一体。此外，在绍兴市越城区西街王羲之故宅前也有古池一方，旁书"墨池"两字，相传为王羲之临池学书之遗迹。

曲水流觞　在兰亭碑亭的斜对面，是一处修竹环抱宽阔平地，一"之"字形小溪蜿蜒曲折于其中。呈现王羲之《兰亭序》所描绘的景象："此地有崇山峻岭，茂林修竹，又有清流激湍，映带左右，引以为流觞曲水，列坐其次，虽无丝竹管弦之盛，一觞一咏，亦足以畅叙幽情。"曲水流觞处，每年都有中外书法家、书法爱好者来这里仿效王羲之当年的曲水流觞雅事。

王羲之故宅　位于绍兴市越城区西街72号。后舍宅为寺，初名昌安寺，唐大中六年（852）改称戒珠寺。几经兴废，今存墨池、山门、大殿和东厢等建筑，系民国年间重建。坐北朝南，背依蕺山，占地1470平方米。殿内存有清末捐资修寺碑记4通。1983年重修，殿内陈列王羲之史料。现为绍兴市文物保护单位。

戒珠讲寺

戒珠讲寺内景

　　题扇桥　位于绍兴市越城区蕺山街。据南宋《嘉泰会稽志》载：桥因王羲之为老妪题扇而得名。清道光八年（1828）重建。系单孔半圆形石拱桥。全长18.5米，宽4.6米。拱券用分节并列砌筑，实体栏板，石级桥坡。1989年于桥侧立"晋王右军题扇桥"碑。现为全国重点文物保护单位。

题扇桥

题扇亭

　　躲婆弄　在绍兴蕺山下，王羲之故宅附近。东西走向，与笔飞弄和蕺山街垂直。相传，当年王羲之看见有位老婆婆抱着一大包扇子在桥上叫卖，但是没人买，就好心帮她题字，这让她的扇子销量大增。于是，老婆婆又编了许多扇子让王羲之题字，弄得王羲之疲于应付，于是从边门溜到一条小弄里躲着，等到老婆婆走了才回家。那条小巷子，后人便称它为"躲婆弄"。

　　笔飞弄　在绍兴蕺山下，王羲之故宅附近。相传王羲之不肯把

躲婆弄

字轻易送人，有一富商做通了王羲之邻居老大妈的工作后，大妈怀抱大白鹅，来到王羲之家中，依照富商要求，要王羲之写几个字。王羲之爱鹅，特别开心，愿意为大妈写几个字。当富商去老大妈家拿字时，刚好被王羲之撞见，王羲之极度懊恼，于是把笔往书桌上一掷。不料，那笔从桌上弹起，穿破窗纸，沿着窗外弄堂向前飞去。这条弄堂，后人就把它称作"笔飞弄"。

金庭观　金庭观位于嵊州金庭乡瀑布山麓，原为东晋书法家王羲之故宅，传说是王羲之晚年养生之处。王羲之五世孙王衡舍宅为观，观内原奉有王羲之塑像，建有右军书楼、玩鹅亭、右军祠等。屡废复修。有右军墓和明弘治十五年（1502）碑、清道光二十九年

金庭观

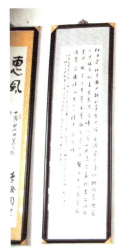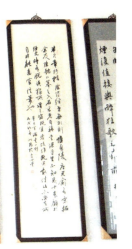

金庭观书画陈列

晋王右军墓道

（1849）"晋王右军墓道"，观前平溪岸边有南朝千年古柏。今重建右军祠、金庭观、卓剑亭，成为国内外书法艺术家的朝圣之地。

百丈岩　　百丈岩位于嵊州王院乡王院村南，相传王羲之曾神游百丈岩，是一处鲜为人知的秘境。百丈峡谷中飞出九条瀑布，气势磅礴，蔚为壮观。明代著名史学家张岱赞曰："银河坠半空，摇曳成云雾，万斛喷珠玑，百丈悬练素"，故被誉为"江南第一瀑布群"。百丈飞瀑四面群山，峰峦起伏，山冈幽谷，青山飞流，层次丰富，生态植被颇佳。该地植被覆盖率达90%以上，苍松古枫，老藤虬根，野花山草，四季山花烂漫，称得上越中观光胜地。

王氏宗祠　　嵊州市金庭镇华堂村是书圣王羲之后裔最大的聚

金庭王氏宗祠内王羲之像

金庭镇华堂村金庭观书圣殿

居地，具有深厚的历史文化底蕴。华堂王氏宗祠由人祠堂和新祠堂两座宗祠组成，是华堂王氏家族文化的重要实物遗存，现被国务院公布为全国重点文物保护单位。

王羲之墓　在嵊州金庭乡瀑布山。传说金庭是书圣王羲之晚年养生之处，卒葬于金庭乡瀑布山下。据《剡录》载："王右军墓，在县东孝嘉乡五十里。"今墓为1984年重修，向南、圆形，条石青砌，墓前铺青石平台，中立石碑，碑阳镌刻"晋王右军墓"，上覆以方形石亭，单檐歇山顶。此处有古柏蔽日、瀑布挂潭，青山环抱，碧溪蜿蜒，秀色可餐。现为浙江省文物保护单位。

王羲之墓

[贰]王羲之传说的保护与传承

1. 王羲之传说的保护

保护措施：

新中国成立以来，特别是20世纪80年代以来，文化部门深入普查、收集有关王羲之的故事，共收集、整理王羲之的故事200多个，并相继出版了《民间文学丛刊》《王羲之的故事》《王羲之的传说》等专著。

将绍兴兰亭、书圣故里、嵊州金庭观王羲之墓列为重点文物保护单位，进行修缮保护。

2006年以来，绍兴市群众艺术馆组织工作人员对王羲之的故事进行重新调查,对王羲之传说的有关资料进行收集、整理,查访王羲之传说的传讲人,摸清传承情况。

绍兴电视台以王羲之生平故事为主线,于2001年拍摄了电视专题片《王羲之》。

保护内容:

一是重新全面普查王羲之传说,并将其归类、整理存档。

二是组织相关专家、学者、民间文学爱好者,举办学术研讨和民间故事传讲会,并将研究成果和传讲故事编纂出版。

三是在有关景点设立王羲之塑像和组织"王羲之传说"演讲会,扩大影响,并促进故事的流播。

四是走进校园,走进课堂,举办王羲之传说的传讲、普及教育活动,使青少年受到传统民间文学的教育,使王羲之的故事得到更好的传承。

五是以王羲之的故事为题材,组织专业和业余文艺工作者创作、编排各类艺术作品,扩大宣传力度和影响。

六是出版《王羲之传说全集》,形成一个较为完整的系列丛书。

七是绍兴成立王羲之研究会,开展相应研究工作。

保障措施:

一是组织保障。落实保护单位、研究基地、传承基地的职责,分

《王羲之传说》传承人在宣讲

王羲之传说进课堂

听王羲之故事

《王羲之传说》绍兴市故事创作培训班

别做好"王羲之传说"的资料收集、整理、抢救、保护、研究、传承等工作。

二是经济保障。市财政每年下拨非物质文化遗产日常保护经费,用于"王羲之传说"项目的保护工作。

三是活动保障。通过举办"王羲之传说"演讲会、培养传讲人、组织走进校园活动、开展研究交流、进行艺术再创作等方式,使王羲之的故事得到有效保护和传承。

2. 王羲之传说的传承

王羲之传说传讲、流播的方式颇多,主要有以下几个方面:

一是世代承袭，口耳相传。这是传讲的最主要方式。传讲人以血缘、亲缘、师生缘等为纽带，以家庭、家族为主线，由长辈向晚辈传讲；其次，以世谊、乡谊、戚谊、年谊等为纽带，以友人为主线，互相传讲，具有互动性。

二是其传讲的时间和地点，几乎不受限制。如节庆假日亲朋好友团聚之时，茶余饭后，茶馆、酒肆等聚会场所，田间地头劳作休息之时，以及在车水、撑船、采茶、打夯、建房起屋、纳凉时。

三是古往今来，历朝历代有关机构和文人学士有组织或自发进行"王羲之传说"的收集整理，并编印成专集出版，通过书籍进行广泛的传播。

四是曲艺艺人根据民间大量流传的王羲之故事，运用莲花落等形式，编写说唱，在绍兴广大群众中影响深远。近年，利用现代化传播手段，将"王羲之传说"拍摄成《王羲之》等电视音像制品以及文艺专题片。

一千六七百年来流传于民间的"王羲之传说"，多是人民对王羲之的爱戴和赞颂，是老百姓用自己的语言说出来的故事，大抵属于无名氏的口头传说，而且它多为互相"闻传"，也就是听了别人传讲后自己也能传讲的一些故事。从已经采集到的故事文本记录稿中，我们可以知道，传讲故事口述人甚众。

现将几位代表性人物列举如下：

杨乃浚　男，1929年出生于绍兴县安城村，1949年5月毕业于绍兴县师范学校。1949年起，陆续在绍兴城区、马山、孙端等小学担任教师。1956年起又先后担任绍兴县第六中学、斗门中学、马山中学、孙端中学、皇甫公社中学的语文老师。1978年底调入绍兴县文化馆，

开始有意识收集王羲之传说等民间文学资料，在著名民间文艺家陈玮君的"传帮带"之下，在绍兴、嵊州等地开展数次田野调查，完整收集与王羲之有关联的地名和传说故事，并吸收成为自己的故事讲述内容。退休后对

省级代表性传承人杨乃浚老师正在传讲故事

收集王羲之传说的热情不减，经常到王羲之有关故迹收集故事素材，常在当地群众中传讲。还积极参与绍兴市非遗中心的讲故事活动，经常进学校、社区传讲王羲之传说。并认真抄写一则则生动有趣的王羲之传说，以"故事红包"的方式分发群众、学生，宣传、传播王羲之特色鲜明的民间传说。近年来，多次被评为绍兴市非遗工作专家贡献奖、市级优秀非遗代表性传承人。

陶成达　男，1937年出生，浙江绍兴人，大专文化，退休干部。自幼喜爱文学，喜欢流传在绍兴城乡的王羲之故事，20世纪50年代开始，就边听边讲王羲之故事。擅长讲述《鹅池》《醉写"兰亭序"》《羲之好鹅》《王羲之以字换鹅》《王羲之访神仙》《墨池》《一笔鹅字》《鹅碑》《千里送鹅毛》《只这一点像羲之》《〈乐毅论〉墨迹》《海门关》《金玉其声》《夺其神采》等多篇故事。

吴传来　男，1944年出生，浙江绍兴人，从孩提时起，就从爷爷、奶奶、外公、外婆、父母亲及邻居长辈等人那里听到许多王羲之的故事，会讲"王羲之传说"数十篇。擅长讲《题扇桥与躲婆弄》《戒珠讲寺》《千字文》《金不换》《飞狐笔》《画雨》《"永"垂千古》《王羲之之死》《兰亭集序》《盗〈兰亭〉》《天宝〈兰亭〉》《一字千金》《王羲之祭师》《卫夫人教学书》《王羲之得猛失猛》等故事。主编《王羲之的故事》，由台海出版社2003年出版。

寿能仁　男，1933年出生，绍兴人，退休干部。自幼就从父辈

处熟悉掌握了许多流传于绍兴的王羲之故事，是听着民间故事长大的。擅长讲《伏狐得笔》《洪姑失珠》《王羲之得神笔》《王羲之古刹遇仙师》《金丝吊鳖》《巧贴春联》《"洞天福池"的来龙去脉》《羲之失珠》《有眼不识金镶玉》《王羲之殿试拜参军》《灵鹅图》《大肚罗汉让位》《王羲之与鹅境村》《万箩口》《墨沼》《鹅池》《樟娘》等数十个王羲之的故事。

施钰兴 男，1959年出生，曾任嵊州市旅游局副局长、金庭开发指挥部常务副总指挥、嵊州市民族宗教事务局局长。自1984年任上东区文化站长开始收集、研究王羲之的传说和开展对王羲之的学术研究。1986年，编印12万字的《上东区民间传说》，主要收集王羲之的传说。撰写《金庭王羲之墓考略》《华常节孝祠及其房派》《华堂名称的来历与华堂老屋》等有关王羲之及其后裔的论文7篇。负责编制《王羲之金庭故居旅游发展规划》等，收集有关王羲之的资料约300万字。编著《王羲之的传说》，由国际炎黄文化出版社2001年出版。

主要参考文献

1.〔唐〕房玄龄等撰《晋书》，中华书局1974年版

2.〔南朝宋〕刘义庆《世说新语》，上海古籍出版社2012年版

3.〔唐〕张彦远《法书要录》，人民美术出版社1984年版

4.〔清〕严可均辑《全晋文》，商务印书馆1999年版

5. 王汝涛、刘锡山、刘瑞轩《王羲之志》，山东人民出版社2009年版

6. 刘占召《王羲之传》，东方出版社2009年版

7. 郭廉夫《王羲之评传》，南京大学出版社2011年版

8. 王汝涛《王羲之》，齐鲁出版社1989年版

9. 王云根《王羲之家世》，北京出版社2004年版

10. 陈玮君《王羲之传说故事选》，绍兴市文联1983年编

11. 吴传来、黄蔡龙、鲍世济《王羲之的故事》，台海出版社2003年版

12. 施钰兴《王羲之的传说》，国际炎黄文化出版社2001年版

13. 吴大新《红月亮——<兰亭序>解读》，西泠印社出版社2005年版

后记

　　2011年5月，国务院下发《关于公布第三批国家级非物质文化遗产名录的通知》，"王羲之传说"被列入第三批国家级非物质文化遗产保护名录。为更好地保护"王羲之传说"这份珍贵的历史文化遗产，绍兴市文化广电新闻出版局根据"浙江省非物质文化遗产代表作丛书"编纂委员会的总体要求，讨论拟订编纂方案，组织专家认真编写、切实推进《王羲之传说》的具体撰写工作。

　　在本书编写过程中，浙江省非物质文化遗产保护专家组王全吉老师专门对本书的撰写进行了精心指导，并提出了诸多宝贵的修改意见。绍兴著名学者吴大新先生对本书作了指导性修改。绍兴市摄影家协会副主席兼秘书长、市文化馆视觉艺术指导中心主任陈晓为本书拍摄、收集了部分图片资料。

　　"江山留胜迹，我辈复登临。"本书还大量查找和充分吸收了有关专家、学者的研究成果、历史资料、文学作品、精美插图，在此特对他们的辛勤劳动致以由衷的谢意。

　　由于时间仓促，水平有限，本书难免存有不足之处，我们恳请专家、学者及广大读者批评指正。

编者

2016年12月

本书编委会

主　任：徐之澜

副主任：魏建东　范机灵　吴双涛

委　员：李　弘　俞　斌　陈　莹　陈　晓　肖　梁

责任编辑：潘洁清

装帧设计：薛　蔚

责任校对：朱晓波

责任印制：朱圣学

装帧顾问：张　望

图书在版编目（ＣＩＰ）数据

王羲之传说 / 李弘, 孟文镛编著. —— 杭州：浙江
摄影出版社, 2016.12（2023.1重印）

（浙江省非物质文化遗产代表作丛书 / 金兴盛总主
编）

ISBN 978-7-5514-1657-3

Ⅰ. ①王… Ⅱ. ①李… ②孟… Ⅲ. ①王羲之（321-
379）—生平事迹 Ⅳ. ①K825.72

中国版本图书馆CIP数据核字(2016)第311041号

王羲之传说

李　弘　孟文镛　编著

全国百佳图书出版单位

浙江摄影出版社出版发行

　　地址：杭州市体育场路347号

　　邮编：310006

　　网址：www.photo.zjcb.com

制版：浙江新华图文制作有限公司

印刷：廊坊市印艺阁数字科技有限公司

开本：960mm×1270mm　1/32

印张：6.5

2016年12月第1版　　2023年1月第2次印刷

ISBN 978-7-5514-1657-3

定价：52.00元